Inteligencia Emocional y Dominio de la Empatía

Una guía completa para la autocuración y el descubrimiento, aumento de la autodisciplina, habilidades sociales, terapia cognitiva conductual, PNL, persuasión y más.

Por Marcos Romero

"Inteligencia Emocional y Dominio de la Empatía: Una guía completa para la autocuración y el descubrimiento, aumento de la autodisciplina, habilidades sociales, terapia cognitiva conductual, PNL, persuasión y más." "Por Marcos Romero".

Inteligencia Emocional y Dominio de la Empatía" es un conjunto de libros "Personas Empáticas –Una guía completa para su curación", y "Inteligencia emocional – Control sobre tu vida".

¡Espero que lo disfrutes!

Personas Empáticas –Una guía completa para su curación

Autodescubrimiento, estrategias de afrontamiento y técnicas de supervivencia para personas muy sensibles. Lidiando con los efectos de la empatía y como desarrollarlas para mejorar tu vida ¡AHORA!

Por Marcos Romero

Tabla de Contenidos
Tabla de contenidos

Introducción
Capítulo 1: ¿Qué es un Empático?
    ¿Sientes empatía o eres un empático?
    ¿Qué se siente ser un empático?
    Los rasgos más comunes de los empáticos
    Empáticos nacidos vs. Empáticos aprendidos
    ¿Eres un empático? PRUEBA
Capítulo 2: La paz mental del empático y lo que la impide
    Problemas comunes de una persona empática
    El narcisista y el empático
    ¿Qué son los "vampiros de la energía"?
    Las desventajas de ser un empático poderoso
Capítulo 3: El regalo de ser un empático
    Los beneficios de ser empático
    La conciencia en sí mismo y la conciencia de los demás
    Sanando y ayudando a otros
    Posibles profesiones que le ayudarán a prosperar en la vida como un empático
Capítulo 4: Herramientas de sanación y equilibrio para los empáticos
    ¿Qué son las herramientas de sanación espiritual y cómo usarlas?
    Limpieza de energía para ti mismo y los demás
    Prácticas de Concienciación y Atención Plena
    Pasos para una meditación de equilibrio y conexión a tierra
Capítulo 5: Cómo evitar que la energía no deseada influya en ti como empático
    Cuando otras personas son negativas: Formas de protegerse
    Conexión a tierra: antes y después
    Comunicar los límites
Capítulo 6: espacio y tiempo de calidad
    ¿Por qué deberías limitar el tiempo con otras personas o grupos?
    Tiempo y espacio para la reflexión y el rejuvenecimiento
    Las relaciones y los empáticos
Capítulo 7: Cómo evitar el agotamiento empático
    Pautas para mantener el equilibrio y la estabilidad
    Aplicaciones para ayudarle en tiempos de estrés o agotamiento
Conclusión

Introducción

Un empático es alguien con la capacidad de sentir lo que otras personas sienten. ¿Alguna vez has estado sentado en una habitación con alguien y, sin palabras, sabías lo que le pasó en el trabajo ese día? ¿Alguna vez has tenido una experiencia en la que te fuiste de una fiesta en casa de un amigo, y te sentiste deprimido y sin valor sin saber por qué? Cuando pasas tiempo con otros, ¿cambia la calidad de tus emociones o pensamientos de manera significativa? ¿Eres capaz de captar las inquietudes, miedos, dudas y preocupaciones de los demás antes que te digan cuáles son?

Si respondiste sí a estas preguntas, entonces es muy probable que seas una persona empática. Mucha gente confunde ser empático con tener empatía; sin embargo, hay una gran diferencia. Para ser un empático, debes aceptar que no solo eres una persona o amigo que siente empatía sino que además estás más abierto a relacionarte con los sentimientos de otra persona al recibir directamente su energía emocional.

Todos somos energía, y nuestro sistema energético siempre está palpitando y pulsando con nuestra forma de pensar, sentir, reaccionar y responder. Los empáticos son personas muy sensibles a la energía de los demás, pero eso no significa que tengan esta misma sensibilidad a nivel emocional. Esto puede sorprender a cualquier empático a quien siempre se le haya dicho que es "demasiado sensible" o "demasiado emocional".

Una persona empática no es nada de eso; ellos simplemente se conectan con los sentimientos de los demás más fácilmente de lo que entienden o se dan cuenta. Si crees que puedes ser un empático, este libro es para ti. Si has pasado tu vida asumiendo las preocupaciones, miedos e inquietudes de los demás en un nivel profundo e intenso, entonces debes leer este libro.

Dentro de estas páginas hay muchas herramientas, trucos y pautas para ayudarte a encontrar un buen equilibrio y mantener tu energía limpia, sin recolectar ni mantener la energía no deseada de los demás. Este libro ofrece explicaciones y entendimiento sobre todo lo que puede resultar problemático para una persona empática, y también cómo esto es un regalo y beneficio para su vida.

A lo largo de estas páginas, encontrarás todos los recursos necesarios para comprender, abrazar y recorrer sanamente el camino de las personas empáticas. Entonces, ¿Qué esperas? ¡Comienza tu viaje hoy!

Capítulo 1: ¿Qué es una persona empática?

A medida que comienzas a descubrir más sobre el mundo de los empáticos, es importante que tengas una comprensión clara de lo que hace que algunas personas sean así. ¿Cómo te conviertes en una persona empática, o naces con este regalo? ¿Qué hace que alguien sea empático o simplemente tenga empatía?

En este capítulo, aprenderás cuáles son los rasgos más comunes de la empatía, cómo se siente y cómo puede verse. Siempre estamos buscando una respuesta a nuestras preguntas, y esta sección te ayudará a comprender cómo identificar si tu eres una persona empática o alguien que conoces lo es.

Mientras lees con la mente abierta, prepárate para encontrar algunas respuestas a las preguntas que has tenido toda tu vida. Podrías descubrir que has sido una persona empática todo este tiempo y simplemente no sabías como definir lo que experimentabas. Una comprensión clara de lo que se siente o cómo se manifiesta en tu vida diaria te ayudará a contar con los conocimientos necesarios para tu reclamar tu inigualable regalo y así vivir en armonía con él a lo largo de tu vida.

¿Tienes empatía o eres empático?

Entonces, ¿cuál es la diferencia? ¿Cómo puedes ser una persona con empatía y no ser empático? ¿No son lo mismo? Hay una gran diferencia entre ambas. Para ser una persona con empatía, todo lo que necesitas es tener la capacidad de comprender los sentimientos de otra persona. Cuando estás con tus amigos, familiares o colegas y comparten algo profundamente emocional, puedes relacionarte con su experiencia de forma empática o simplemente comprender de dónde vienen y compartir tu empatía por sus situaciones.

Un empático sentirá física y emocionalmente la experiencia de la otra persona. Esto difiere bastante del simple entendimiento de las expresiones de emociones que alguien le comunica verbalmente. Una persona empática podrá comprender los sentimientos de otro sintiéndolos también, y esto puede resultar similar a asumirlos como si fueran propios.

Muchas personas son empáticas y no saben cómo manejar su don, llegan a casa al final del día sintiéndose agotadas, con poca energía, tristes o deprimidas, y se muestran incapaces de expresar sus propios sentimientos como verdaderos porque han tomado las emociones de muchos a lo largo del transcurso de la rutina diaria.

Las emociones no deseadas de otras personas pueden ceñirse a la energía del empático debido a lo abiertos y receptivos que son dichas personas a experimentar, sentir y atraer esas energías y sentimientos. Si simplemente tienes empatía, entonces no tendrás el mismo tipo de experiencia que un empático. Puedes sentirte como un buen amigo o compañero de trabajo por tu capacidad para escuchar las experiencias de otros y ofrecerles compasión y empatía, pero no eres empático hasta que percibas y sientas las emociones de otra persona, sin comunicación verbal. Lo distingue al empático de una persona con empatía es un entendimiento energético en un nivel más profundo.

¿Cómo se siente ser empático?

Al comprender la diferencia, ahora puedes saber cómo se siente tener este tipo de experiencias. Para muchos empáticos, no hay manera de determinar cómo están siendo afectados por otros hasta que aprenden cómo trabajar con su don; comenzando por aceptar que son empáticos. Si sabes que eres empático, podrás comprender mejor cómo cuidarte a ti mismo y a los demás, sin afectar tu propio estado emocional en detrimento de tu experiencia de vida.

Al conocer tus habilidades como empático, es posible que ya estés familiarizado con algunos de los efectos secundarios, y si solo estás aprendiendo a identificar tu don, la siguiente lista puede ayudarte a descubrir si has sido un empático todo el tiempo, sin darte cuenta.

Cómo se siente ser empático:
- Sensibilidad a ruidos fuertes, esencias o aromas, luces brillantes y otros estímulos impactantes.

- Dolores de cabeza recurrentes

- Resfriados frecuentes, problemas de sinusitis o "alergias"

- Agotamiento emocional o mental

- Agotamiento o fatiga crónica

- Altibajos emocionales sin razón aparente

- Cuidar a los demás como una forma de vida; eres un nutridor natural

- Depresión, ansiedad, paranoia y miedo sin razón aparente

- Sentir algo antes que suceda

- Sentimientos de incomodidad después de entrar a la casa de alguien, oficina u otros edificios

- Insomnio o dificultad para dormir.

- Indigestión u otras molestias estomacales

- Hipersensibilidad cuando alguien se siente enojado, herido, asustado o deprimido

- Necesidad constante de sentir algo diferente a lo que has adquirido enérgicamente de otros (por ejemplo: alcohol, drogas, dulces, bocadillos, etc.)

- Confusión y desorientación después de estar en grandes multitudes.

- Sentimientos de ansiedad después de estar en grandes multitudes.

- Malestar mental y / o emocional después de pasar "tiempo de calidad" con ciertas personas de tu vida

- Distraerse fácilmente por los sentimientos no deseados de los demás.

- Y la lista continúa, pero ya tienes una idea ...

Muchos de estos síntomas o efectos secundarios parecen problemas físicos o psicológicos comunes que pueden ser tratados por un médico o un terapeuta. Sin embargo, si eres una persona empática, estos efectos son el resultado directo de adquirir la energía emocional de otras personas. Donde quiera que vayas y con todo lo que hagas.

Puede que no te hayas dado cuenta en toda tu vida, pero la razón por la que tienes una enfermedad crónica y nunca puedes dormir es que has tomado y llevado contigo, los sentimientos de muchas personas. Es importante comprender cuán fuerte y poderosa puede ser la energía emocional. Esta lista puede demostrar esa verdad. La energía emocional es tan poderosa que puede causar este tipo de problemas para los empáticos, pero también para la persona que experimenta las emociones.

También hay algunos signos positivos de cómo se siente ser empático, especialmente cuando estás conectado a tierra y equilibrado:

- Elevación y energía

- Determinación
- Alegría por ayudar a otros
- Comprensión profunda más allá de un nivel emocional
- Alto grado de autoconciencia
- Alto grado de conciencia de los demás
- Apertura a nivel Psíquico / Espiritual
- Conexión a todo
- Calidez y felicidad
- Capacidad de comprender más de lo que se ve o dice

Como empático, puedes ir en ambos sentidos, ya sea sintiendo una gran cantidad de los aspectos difíciles y desafiantes de tener este don o experimentando las cualidades energéticas más elevadoras y de alta vibración al ser un portal abierto de amor y comprensión. El desequilibrio en los propios sentimientos y emociones puede ser una fuente de gran trauma en la vida de los empáticos.

Cuando estamos desequilibrados con nosotros mismos, nuestros cuerpos, mentes, y corazones tratan de comunicarse con nosotros y dejarnos saber que algo está mal. Esto es algo poderoso que, especialmente un empático debe saber. Si estás experimentando ciertos efectos secundarios o síntomas, puede ser que tu cuerpo y mente te estén diciendo que has tomado demasiada energía de otra persona y que necesitas eliminarla y volver a estar en equilibrio y armonía con tu propio ser.

Para ayudarte aún más a comprender qué es un empático, veamos algunos de los rasgos más comunes que poseen.

Rasgos más comunes de los empáticos

Para muchos, el empático no es más que un hombre o una mujer común y corriente con una expresión emocional superior o una mejor manera de sentir o "ver" a alguien a través de su don de empatía. Sin embargo, un verdadero empático puede exhibir, incluso, aún mayores dones y habilidades que podrían resultar comunes pero sin duda ellas pertenecen al mundo de los empáticos.

Hay diversos rasgos que solo se manifiestan después que has pasado un tiempo invirtiendo energía en eliminar cualquier bloqueo o congestión de la energía en el sistema y pueden ser muy pronunciados o sutiles. Otros rasgos son bastante notables y comunes para un empático, aunque no estén conectados a tierra y equilibrados. Los rasgos más comunes puedes encontrarlo en la siguiente lista:

- Altamente intuitivo

- A menudo introvertido

- Detecta mentiras o engaños fácilmente

- "Predice" eventos futuros (sintiéndolos)

- Recibe contribuciones de otros en forma de energía (emocional, mental, física , y, a veces, espiritual)

- Capacidad de sentir o "saber" cuando algo está "mal"

- Altamente creativo

- Naturalmente inquisitivo

- Absorbe fácilmente los sentimientos y emociones de los demás

- Protector o cuidador natural

- Indulgente y desinteresado

- Vocación por hacer las cosas mejor o "correctas"

- Tendencia a buscar la justicia

Algunos otros rasgos que también son parte de ser una persona empática bien desarrollada y conectada a tierra y que pueden considerarse no comunes, son:

- Clarividencia: visión clara

- Claricognosciencia: capacidad de saber

- Clarisentencia- sentir claramente

- Clariaudiencia- audición clara

- Clariempatía- claridad en los sentimientos (percibidos en otros y en sí mismo)

- Apertura y habilidad psíquica

Puedes descubrir que posees otros rasgos no mencionados aquí que estarían directamente relacionados con sus habilidades como empático. Tenga en cuenta que se trata solo de una lista de los rasgos más comunes de los empáticos y que son los que más pueden ser experimentados. Si eres empático, eres muy intuitivo y podrás discernir claramente otros elementos de tu propio viaje y experiencia que están vinculados con tu don.

Empáticos de nacimiento versus empáticos aprendidos

Todos tenemos la capacidad y la habilidad para convertirnos en empáticos. Algunas personas están naturalmente inclinadas serlo debido a su carácter innato o cómo fueron criadas. Otros podrían desear convertirse en empáticos y practicar aprender estas habilidades. En todo caso, es posible hacerlo; examinemos cómo estas dos experiencias son diferentes y a la vez que tienen en común.

Un empático de nacimiento probablemente sea una persona cuya entrada en este mundo tenga un propósito específico o una profesión con la que debe alinearse. Una persona que siempre ha sido naturalmente hábil en el arte de la crianza, la curación o el cuidado puede haber sido empático a una edad temprana y ya estaba practicando y perfeccionando esta cualidad sobre sí misma, aunque es poco probable que tenga un nombre para ello.

Si eras un empático mientras crecías, es probable que nunca lo supieras. La mayoría de las personas no son conscientes de su don a una edad temprana, y esto puede causar muchos problemas debido a la falta de comprensión y conocimiento de por qué se les considera más sensibles que otros o por qué tienen dificultades en la escuela o las actividades sociales.

Muchas veces, una persona aprende a convertirse en empático cuando es joven debido a la dinámica familiar. Dependiendo de cómo te criaron, qué tipo de dinámica aprendiste en el hogar o cómo tus padres actuaron o reaccionaron emocionalmente en su relación entre ellos o contigo, podría haberse iniciado tu camino como empático, dándote inconscientemente una razón para ser más perceptivo e intuitivo como un medio para sobrevivir o ser aceptado en su familia o cultura. Entonces, incluso si no hubieras nacido empático, podrías haber desarrollado esta habilidad a temprana edad sin saberlo.

Quienes son empáticos en su vida temprana luchan culturalmente, en la sociedad e incluso en sus propios hogares como adultos, especialmente si sus dones nunca fueron alimentados o identificados, lo que ocasionaría dificultades en uniones románticas, trabajos y otro tipo de relaciones, así como problemas con las drogas, el alcohol u otras adicciones asumidas como una ayuda para aliviar el estrés de ser un empático no identificado. Algunas personas que son empáticas a una edad temprana se desarrollan bien porque sus padres o cuidadores responden a sus habilidades y necesidades ayudándolos a desarrollar sus habilidades de manera positiva.

Los empáticos aprendidos son aquellos que pueden convertirse en empáticos de forma natural, como en el ejemplo anterior mediante las condiciones y modelos de la infancia o a través del estudio y la práctica. Muchas personas tienen el deseo de expandir su habilidad para ser más receptivos o sensibles a las necesidades de otros y buscan aprender cómo abrir su energía para lograr ser capaces de leer las emociones de otros. Esto podría obedecer al deseo de ayudar a otros, de mejorar relaciones o de desempeñar una profesión u ocupación que requiere mucha empatía.

Casi siempre, los verdaderos empáticos son aquellos que de manera innata llevan esta tendencia a través del mundo y tienen un propósito de vida por cumplir o lo han aprendido desde niños a partir de la dinámica familiar. A menudo, los empáticos no descubren su verdadera naturaleza hasta que entran en la adultez y aprenden a examinar más profundamente sus relaciones interpersonales, experiencias culturales y sociales, y la dinámica familiar personal.

Al preguntarte a ti mismo si eres empático o no, recuerda tus primeros años de vida y tu experiencia de crecimiento. ¿Cómo te relacionaste con tu familia y con otros? ¿Todavía te relacionas con ellos de la misma manera? Haz la siguiente prueba para saber si eres o no un empático.

¿Eres empático? Cuestionario

1. ¿A menudo debo estar solo para sentirme en paz?

2. ¿Me abrumo fácilmente en grandes grupos o multitudes?

3. ¿Me han llamado "demasiado emocional ", "demasiado sensible " o "demasiado tímido"?

4. ¿Puedo pasar tiempo con otras personas durante largos períodos de tiempo sin sentir ansiedad o agotamiento?

5. ¿Soy sensible a ruidos fuertes, luces brillantes o estímulos excesivos?

6. ¿Soy sensible a los aromas, perfumes y olores?

7. ¿Las peleas y las discusiones me hacen sentir físicamente enfermo?

8. ¿Me siento agotado por otras personas?

9. ¿Me considero introvertido?

10. ¿Tiendo a utilizar alimentos, drogas o alcohol para hacer frente a las cosas?

11. ¿Con frecuencia estoy ansioso o preocupado?

12. ¿Tengo dificultad para dormir?

13. ¿Necesito mucho tiempo para descansar o recuperarme después de estar cerca de ciertas personas?

14. ¿Prefiero tener una salida fácil si estoy en una fiesta, como traer mi propio automóvil o tener una excusa preparada para cuando quiera salir temprano?

15. ¿Prefiero estar solo en lugar de entablar relaciones emocionalmente exigentes?

16. ¿Estoy más feliz con las conversaciones íntimas, individuales, o con las dinámicas en grupos grandes?

17. ¿Soy sensible a los medicamentos con receta o a los medicamentos de venta libre?

18. ¿Tengo tendencia a enfermarme con frecuencia, con resfriados, alergias o infecciones respiratorias?

19. ¿Hay personas en mi vida que me hacen sentir peor después de hablar con ellos?

20. ¿Hay momentos en los que siento que necesito estar lejos de personas y ciudades para recuperar mi energía?

21. ¿Tengo molestias emocionales con frecuencia?

22. ¿Puedo sentir cuando la energía en la habitación ha cambiado porque alguien entró o salió de ella?

23. ¿Los problemas de otras personas me mantienen despierto por la noche?

24. ¿Me abruman las asignaciones complicadas que requieren multitarea?

25. ¿Me siento exhausto todo el tiempo?

Si respondiste sí a al menos 20 de estas preguntas, entonces eres un empático. Considera cada respuesta y ve con tu instinto. La gente siempre está buscando las respuestas correctas a estas preguntas, pero la respuesta correcta está en cómo encuentras o sigues tu camino como empático. Lo más importante es que si estás leyendo este libro, ya sospechas que eres un empático y que necesitas aprender a desarrollar tu habilidad y tu don.

A lo largo de este libro, aprenderás los problemas de los empáticos, cómo se afianzan y se equilibran y qué hacer para ayudarte a ti mismo a alinearte con tu habilidad para que ésta funcione EN TU FAVOR y no en tu contra.

Capítulo 2: La paz mental del empático y lo que la obstaculiza

Como leíste en el capítulo pasado, algunas circunstancias y relaciones pueden tener un gran impacto en la calidad de vida de los empáticos. Todos quieren tener un poco de paz mental y para alguien que absorbe los reflejos emocionales y mentales de quienes le rodean, centrar su mente puede ser difícil.

Para un empático estos problemas pueden manifestarse de múltiples formas. Este capítulo profundiza en la identificación de algunas de las maneras más comunes en las que puedes verte afectado por las emociones negativas o no deseadas de los demás. Mientras lees, toma nota de cualquiera de las situaciones o personalidades que pueden estar afectando tu energía y bienestar emocional.

Problemas comunes de una persona empática

Si respondiste el cuestionario en el Capítulo 1, entonces ya has identificado algunos de los problemas comunes que los empáticos pueden enfrentar. Los problemas de los empáticos se generan de los rasgos de los mismos. En esencia, gran parte de lo que crea una perturbación energética o emocional para un empático se desprende de la forma en que eligen vivir sus vidas: a menudo introvertidos, más felices en soledad o en pequeños grupos, lejos de las multitudes y sensibles a las experiencias.

Echemos un vistazo a la siguiente lista de algunos de los problemas más comunes a los que podría enfrentarse un empático cuando no tiene el control de su don:

- Enfermedad frecuente: esto no es necesariamente cierto para todos los empáticos; sin embargo, si no tienes un buen equilibrio o control de tu habilidad, tendrás la tendencia de absorber demasiada energía de otras personas y el exceso de sentimientos de muchas personas puede ocasionarte un sistema inmune debilitado, lo cual provoca una mayor predisposición a enfermarse.

- Los patrones de culpa, ansiedad y depresión-Muchos empáticos, sin saberlo, mantienen estos sentimientos como resultado de ser DEMASIADO abiertos y estar siempre disponibles para las sensaciones y sentimientos de los demás; lo cual podría resultar en que la depresión de otra persona se vuelva parte de tu energía hasta el punto en el que no puedes identificar si es tuya o de otro.
- Un blanco fácil: los empáticos tienen una forma de atraer a las personas que necesitan un hombro para llorar. Naturalmente, son buenos oyentes y tienden a ayudar a las personas a sentirse mejor cuando se sienten deprimidas o tristes. Los empáticos podrían llevarse consigo son esos sentimientos bajos o tristes, o un sentimiento de agotamiento o el sentirse drenado después de dichos encuentros.
- Aislamiento: muchos empáticos descubren que se sienten más tranquilos cuando están solos en la comodidad de sus hogares donde pueden vivir con su propia energía. Los empáticos pueden ser introvertidos, pero aún así, necesitan la interacción humana y, por lo tanto, encontrar un equilibrio entre tener un santuario para sí mismo y estar con personas puede ser problemático para un empático.
- Altas y bajas impredecibles: una verdadera persona empática siempre tendrá que protegerse de la energía de otras personas y cuando no lo hacen, descubrirán que con frecuencia, se llevan a su propia vida los altibajos de otras persona. Desde la interacción con el cajero descontento hasta el padre enojado en el patio de recreo, pasando por el empleado de correos alegre y amigable que te alegra el día,

de regreso a casa, estarás absorbiendo la energía de los demás durante todo el día a través de tus interacciones. Esto estimulará una amplia gama de altibajos que hará que tu cabeza gire si no estás completamente conectado a tierra y consciente de tu don.

- Agotamiento: toda la energía que recibes y no dejas ir, queda atrapada en tu campo energético y te mantiene vibrando en un nivel bajo. La única manera de deshacerse de la energía de otras personas es alejándola de la tuya (explicaremos más sobre esto más adelante), y si no te tomas el tiempo necesario para poner los pies en la tierra primero y limpiar tu energía luego o ambas al mismo tiempo, terminarás sintiéndote agotado, exhausto y cansado al final del día.
- Comprometerse demasiado con el deseo de hacer lo correcto- Muchos empáticos quieren hacer lo correcto y desean ayudar, apoyar, nutrir y cuidar a otras personas. A menudo, los empáticos sentirán la necesidad del otro y harán todo lo posible por ayudar. Esto puede convertirse en una forma de vida y, finalmente, en un daño a la salud y el bienestar general de los empáticos.

Estos problemas y otros más pueden evitar que un empático viva plenamente con su don. Si has experimentado alguna de estas dificultades, te alegrará saber que se pueden remediar fácilmente para tener una experiencia más fructífera y amplia. Avanzando hacia otros obstáculos a la tranquilidad mental de los empáticos, echemos un vistazo a los rasgos de personalidad específicos que pueden ser particularmente difíciles para una persona empática.

El narcisista y el empático

Los narcisistas y empáticos parecen atraerse unos a otros y hay una razón para ello. En primer lugar, vamos a ver lo que es realmente cada uno de ellos: un narcisista es alguien que carece de empatía y se nutre de la atención, aceptación, validación y reconocimientos; un empático es altamente intuitivo, indulgente, compasivo y dispuesto a dar una oportunidad a todos, sin importar nada más.

Debido a que el narcisista está muy hambriento de elogios y reconocimiento, el empático se convierte entonces en la fuente perfecta de amor, porque siempre estará disponible para llenar al narcisista de afecto, perdón y a menudo se disculpará por hacer algo que haga infeliz o incomode al narcisista.

Desafortunadamente, esta "atracción" puede conducir a una codependencia de por vida entre dos personas desequilibradas: una siempre tiene sed de más de lo que hay en la copa, y otra copa que siempre está vacía por llenar la copa del otro. No todas las relaciones de este tipo son románticas; a veces son de amistad, profesionales, familiares o platónicas.

De cualquier manera, es importante que como empático, identifiques a las personas en tu vida que pueden tener las mencionadas cualidades o actitudes en su relación contigo. Por lo general, un empático intentará ayudar o "arreglar" al narcisista, pero se pierde en el proceso, socavando su propio éxito y crecimiento personal para hacer que otra persona se sienta querida y necesitada todo el tiempo. Un narcisista solo puede ayudarse a sí mismo a sanar identificando la causa de su comportamiento, pero a menudo preferirá aferrarse a otros que lo ayudarán a mantener su necesidad de ser adorados permanentemente.

Los empáticos luchan por abandonar este tipo de relaciones debido a su deseo de ayudar a los demás y hacerlos sentir apoyados y amados. Es fácil para un narcisista encantar a un empático al comienzo de una relación porque son excelentes en adaptarse a otros, manipulando sus propias características para alinearse más con la persona que eligen para establecer una relación.

Sin embargo, después de algún tiempo el narcisista mostrará todos sus verdaderos colores y exigirá que el empático responda a sus deseos, necesidades y expectativas. El humilde y comprensivo empático, estará obligado a mantener la paz y ayudar a la otra persona a sentirse bien y feliz, en detrimento suyo.

La lección de esto es crear conciencia sobre quién podría estar causándote más problemas de lo que podrías haber pensado. No todas las personas son narcisistas y no todos los narcisistas se aferran a los empáticos. Es una dinámica común que puede dar lugar a dolor emocional y lucha mental para el empático y por ello, es importante saber cómo identificar esto en tus relaciones actuales o en las venideras.

¿Qué son los "vampiros de energía "?

Los narcisistas son uno de los tipos de "vampiros de energía" como se les denomina, y todos ellos tienen la capacidad de tener un gran impacto o influencia en los empáticos. Los vampiros de energía son, por definición, aquellas personas que chupan o drenan tu energía. Para los empáticos, estos son un gran origen de dificultad y preocupación porque pueden ser difíciles de evitar, especialmente cuando eres una persona que desea ayudar, sanar o comprender la perspectiva de los demás.

Un vampiro de energía por lo general no es consciente de la dificultad que le causa al empático que esté a su alrededor y tiene su propia manera de lidiar con las emociones y asuntos de la vida. Al requerir recargar y renovar su energía constantemente, los empáticos definitivamente experimentaran la necesidad de recargarse después de cualquier interacción con un vampiro de energía. Los vampiros de energía tienden a tomar sin dar nada a cambio. A veces pueden tener actitudes o comportamientos muy negativos que causan angustia a los empáticos, o pueden estar demasiado conectados contigo porque necesitan que alguien escuche todo lo que tienen que decir por todo el tiempo que sea necesario para ello.

Puede que ya conozcas a algunas de estas personas en tu vida, incluso podrían ser muy buenos amigos, familiares, o socios. Algo que podría representar un desafío para los empáticos es poner límites a otras personas. A veces, los empáticos piden este tipo de energía que emana de otro, simplemente por negarse a dejar que otros noten que no están disponibles para hablar o que no permitirán que les griten, en un esfuerzo por ser compasivos y no herir los sentimientos de nadie.

La mejor manera de manejar a este tipo de personas es ofrecerles su tiempo, amistad o amor de una manera amable fijando límites saludables. Si sabes que alguien está agotando tu energía, entonces tendrás que aprender a expresar directamente tus necesidades de forma amable y reflexiva. Esto podría significar tener una razón para terminar una conversación que no tiene fin o si alguien se muestra agresivo, indicarle que prefieres hablar con él cuando se calme. Más adelante en este libro, descubrirás y aprenderás otras formas para ayudarte a crear equilibrio y establecer límites con otras personas en tu vida que parecen vaciar tu energía.

Hay algunos tipos comunes de vampiros de energía y estos son:

- Narcisistas: chequea la sección anterior.
- Víctima / Mártir: alguien que puede tener una necesidad interminable de asistencia u orientación, pero que no parece querer encontrar soluciones propias a sus problemas. En esa misma línea, un mártir puede sugerirte que no estás viendo cuán duro lo están intentando, convenciéndote que requieren ser halagados por su sufrimiento.
- Pasivo Agresivo: alguien que es agradable en apariencia y luego de la nada te golpea donde duele, especialmente cuando se siente infeliz, herido o emocionalmente frustrado por su vida.
- Agresivo: alguien con tendencia a ponerse furioso fácilmente en lugar de lidiar adecuadamente con sus emociones. Esto a veces puede conducir a violencia física o abuso y a menudo causa ansiedad en las personas que rodean a esta persona.

- Dramático: alguien que anhela el drama tanto como les gusta hablar sobre ello. Por lo general, un vampiro dramático es alguien que te perseguirá para contarte los últimos chismes y continuará sin parar hasta que le pongas un límite.

Tener conciencia de los diferentes tipos de personas que pueden drenar tu energía, es un aspecto importante para entender tu don. Ser empático, puede ser muy desafiante, especialmente si no estás seguro de cómo manejar ciertos tipos de personalidad, pero al ser alguien que absorbe energía y se conecta fácilmente con las emociones de otras personas, esto puede causarte una gran cantidad de molestias y dolor emocional aunque no lo sepas.

Las desventajas de ser un empático poderoso

Al igual que con cualquier don o habilidad poderosa, a veces pueden presentarse inconvenientes. Como ya habrás adivinado por tu lectura hasta ahora, ser empático no está exento de desafíos y tratar de ayudar a otros, motivado por tu sensibilidad a sus necesidades puede generar muchos problemas a largo plazo.

Algunas de las principales causas de los problemas de un empático provienen de vínculos energéticos no deseados o inesperados con los pensamientos y sentimientos de otras personas. Cuando absorbes la realidad de otro y la haces tuya, puedes provocar una gran cantidad de dolor y sufrimiento personal, especialmente cuando se mantiene durante un largo período de tiempo y proviene de varias personas.

El fenómeno de los empáticos radica en su habilidad para trabajar con su don de una manera que les permita ser una persona dotada en las áreas del cuidado, la crianza, curación y en amar a todas las personas sin absorber o tomar las tragedias de la vida de otros. Bien sea que sientas que eres bueno en esto o no, es importante mantenerte siempre consciente de cómo la energía de otras personas puede quitarte poder significativamente de un momento a otro, especialmente si no estás conectado a tierra o equilibrado en tu propia vida y energía.

Las desventajas de ser un empático solo existen si no estás tomando las medidas adecuadas para protegerte, limpiar la energía de los demás de la tuya y conectarte con tu poder como empático y como una persona con la capacidad de dar y recibir energía poderosamente. Puedes superar fácilmente estos inconvenientes con el uso correcto de las herramientas de curación, limpieza de energía y meditación.

Todos los inconvenientes de este don provienen de la falta de comprensión acerca de lo que eres, cómo funciona y qué o quién en tu vida te está impactando de una manera que te mantiene en ciclos de energía desafiantes o descensos emocionales. La mejor manera de identificar por ti mismo cuáles son las desventajas, es considerar el conocimiento que has adquirido en estos dos primeros capítulos y hacer una lista de cómo podrías verte afectado por la energía de otras personas en tu vida en este momento.

Hazte algunas de las siguientes preguntas:

1. ¿Me siento apoyado por quienes me rodean?

2. ¿Soy libre de ser yo mismo con los demás, o por lo general actúo según las necesidades de los demás?

3. ¿He hecho sacrificios para hacer felices a los demás sin hacerme yo feliz, también?

4. ¿Hay personas en mi vida que me hacen sentir agotado o exhausto cada vez que las veo?

5. Cuando estoy en una relación o asociación con alguien, ¿dejo que se salga con la suya la mayor parte del tiempo?

6. ¿Me siento incómodo cuando otras personas me piden que hable de mí?

7. ¿Hay compañeros de trabajo que me hacen sentir triste, ansioso o con baja autoestima, llevándome a cuestionar mis habilidades y capacidades laborales?

8. ¿Tengo o he tenido una relación que se siente equilibrada y pacífica?

9. ¿Hay miembros de mi familia o grupo de amigos que siempre me hacen sentir peor en vez de mejor?

10. ¿Qué tipo de personas en mi vida me hacen sentir alegría y aceptación, placer y camaradería?

11. ¿Me rodeo de personas conectadas a tierra, equilibradas, felices y honestas con sus sentimientos?

12. ¿Cuántas veces me digo que es mi culpa y no la de ellos?

13. ¿Qué tipo de experiencia quiero tener con otras personas y cuáles tengo regularmente?

14. Cuando estoy cerca de ciertas personas en mi vida, ¿les gusta escucharme hablar sobre lo que está sucediendo en mi vida o solo hablan sobre sí mismos?

15. Cuando estoy cerca de ciertas personas en mi vida, ¿me piden demasiado con respecto a ayudarlos con sus problemas, destino o circunstancias de la vida?

16. Si dejara ir todos los sentimientos de otras personas en mi vida, ¿cómo me sentiría y cómo sería para mí?

17. ¿Cuáles son los tipos de personas con las que me gustaría estar en mi vida que me hagan sentir apoyado y con las que pueda ser yo mismo?

18. Cuando estoy cerca de ciertas personas en mi vida, ¿me permiten tener una opinión propia o me dicen cómo debo pensar o sentirme?

19. ¿Otros miembros de mi grupo de amigos, sienten lo mismo que yo por otra persona y son demasiado educados para decir algo?

20. ¿Fue mi experiencia en mi última relación, amistad, etc. saludable y equilibrada, o desafiante, difícil y emocionalmente tóxica?

Asegúrese de hacerse este tipo de preguntas incluso cuando esté iniciando nuevas amistades o estableciendo nuevas asociaciones profesionales o románticas. Las desventajas de ser un empático se derivan de cómo eliges pasar tu vida y si estás listo o no para abandonar a las personas, los trabajos o los lugares que te causan estrés e incomodidad. A veces, ni siquiera se trata de dejar ir; se trata de respetarte a ti mismo, creando límites saludables y haciendo honor a tu don como empático.

Hay tantos beneficios maravillosos de tener esta experiencia o habilidad que superan las desventajas y problemas comunes. En el próximo capítulo, aprenderás mucho más sobre las cualidades de ser un empático y por qué es una parte tan poderosa e importante de nuestra humanidad cultural.

Capítulo 3: El regalo de ser un empático

Como has leído, puede haber muchos problemas comunes y desventajas de ser un empático, a la vez hay muchos atributos maravillosos y cualidades de vida que provienen de tener un don tan poderoso. Puede que no lo parezca al principio, pero tener la capacidad de sentir y saber a profundidad cómo se siente alguien más, puede propiciar que sucedan muchas cosas buenas, tanto para ti como para esa persona.

Actuar con empatía, en general, lleva a una sensación de plenitud y felicidad; cuando somos buenos con los demás, también lo somos con nosotros mismos y llevamos la vibración positiva del amor y la armonía. La autoconciencia de tus propios sentimientos y cómo los relacionas con el mundo que te rodea puede ser una excelente cualidad a poner en práctica con todas las personas en tu vida y, a veces, puede llevarte a una profesión o carrera en la que emplees tus habilidades de empatía para el bien de otros, más allá de tus amigos y seres queridos.

Ver todas las formas en que ser empático puede ser un desafío, te ayudará a concentrarte en cómo llevar los beneficios de ser empático a otro nivel. En este capítulo, aprenderás más acerca de la importancia de este don y habilidad en tu hogar, así como en tu vida personal y profesional.

Los beneficios de ser empático
Conciencia de sí mismo

Los empáticos se dedican a comprender cómo se sienten ellos mismos y los demás como resultado de ser tan abiertos a los estados emocionales y sentimientos de quienes le rodean. Muchos empáticos son muy conscientes de sí mismos debido a la experiencia de tener que identificar por qué, qué, cómo, y cuando sus sensibilidades impactan en su vida y experiencia. Un gran sentido de sí mismo o una autoconciencia, altamente desarrollada es una herramienta increíblemente valiosa a lo largo de la vida y aporta un gran beneficio para la felicidad y el éxito general de una persona.

Ver lo que otros pasan por alto

Ser muy intuitivo y perceptivo tiene sus beneficios y los empáticos son naturalmente capaces de ser testigos, observar e identificar lo que está sucediendo a su alrededor, casi como un detective en la escena de un crimen. Tiene mucho que ver con la comprensión de los empáticos de lo que sucede debajo de la superficie y cómo las personas proyectan esa realidad que los empáticos son capaces de "saber". Tener esta fuerza de observación y percepción, puede ser útil en distintos momentos de la vida.

Ver las conexiones entre todas las cosas

Retomando los beneficios anteriores, ser observador y ver más allá de lo que está a simple vista, permite al empático formar conexiones o enlaces entre personas, lugares, circunstancias, etc. Este es el segundo componente de ser un buen "detective" y puede ayudar a una persona a avanzar o a decir la verdad de una situación con mayor facilidad y comprensión. La mayor parte de nuestra vida cotidiana se pasa estableciendo conexiones de este tipo en nuestros cerebros y a través de nuestro tejido neuronal. Debido a que los empáticos son naturalmente más observadores y en extremo conscientes de la energía que no puede verse o de las fuerzas de la naturaleza, resultan expertos en establecer conexiones entre todas las cosas.

Estar satisfecho con una vida simple

Debido a que la vida es una experiencia más intensa para muchos empáticos, a menudo se sienten atraídos por estilos de vida tranquilos, pacíficos y simples, y se contentan con estar en paz o en una circunstancia de vida se ajuste a ellos. Una vez que sabes que eres un empático y abrazas la realidad de cómo se siente estar tan "en sintonía" o "consciente de todo lo que está alrededor , " entonces es probable que crees una experiencia de vida que involucre los placeres más simples y esto puede ser de gran beneficio para tu tranquilidad, felicidad de corazón y amor propio.

Subjetivo y objetivo en igual proporción

Los empáticos son buenos viendo todos los lados de una situación debido a su capacidad para comprender un escenario desde un punto de vista objetivo y subjetivo Pueden existir desacuerdos y discusiones, opiniones y sentimientos, hechos concretos y teorías, y el empático es capaz de tener una perspectiva abierta sobre todo y formar un punto de vista excepcionalmente equilibrado a través del deseo de comprender en lugar de calificar o cuantificar innecesariamente. Esto puede ser un gran don en muchas situaciones de la vida.

Habilidades Creativas

Los empáticos son a menudo individuos muy creativos. Debido a su naturaleza más sensible, ellos están conectados y comunicaciones a profundidad con su experiencia creativa y tienen tendencia a hacer obras de arte o vivir una vida creativa, diferente a lo que podría considerarse "normal". Por lo general, un empático es alguien que "vive fuera de la caja" debido a su energía creativa y su intención de encontrar un equilibrio vital saludable y enérgico para sí mismo.

Altamente sensible a todas las personas, animales y lugares

Algunos pueden ver esto como un problema o un defecto. Sin embargo, existe un gran beneficio de ser sensible a las personas, lugares y animales. Cuando eres hiper-consciente de los seres vivos o entornos, puedes experimentarlos mejor y tener visión más amplia de todo el mundo, "viendo" más allá de lo que está pasando. Debido a que los empáticos pueden "saber" lo que está pasando mediante la percepción sensorial, la observación y la intuición, es probable que vea las cosas antes que sucedan. Esto puede tener una poderosa utilización en la vida cuando un empático está dispuesto a ser tan sensible y observador. Otra palabra para describir esta sensibilidad sería 'premonición'. En general, ser muy sensible a lo que está a tu alrededor puede ofrecer una gama más amplia de entendimiento, y por lo tanto, una mayor capacidad para experimentar el éxito y el progreso. Esto normalmente sólo ocurre si estás ya energéticamente equilibrado, conectado a tierra y has comprendido cómo utilizar bien tu regalo.

Capacidad de tener habilidades psíquicas

Permitir que tu energía esté abierta a otras fuerzas de la naturaleza a menudo puede alinearte con la capacidad de aprovechar tus tendencias psíquicas naturales. Todas las personas tienen la capacidad de desarrollar esta parte de sí mismas, pero la mayoría de las veces, tienen demasiado miedo de conocer cómo experimentar su naturaleza psíquica. Los empáticos, gracias a sus dones e inclinaciones generales, tienen muchas más probabilidades de involucrarse en estas habilidades debido a su capacidad inherente de detectar y sentir lo que no es obvio o demostrable. Algunas habilidades psíquicas que pueden surgir de una empatía sana y equilibrada son: clarividencia, claricognosciencia, telepatía, visiones o viajes astrales, hablar con "espíritus", entre otras.

Sanando y Ayudando a Otros

Los empáticos son sanadores naturales. Quieren ayudar a las personas, y esto tiene mucho que ver con la capacidad de percibir y sentir, en otra persona sin palabras ni explicaciones. Puede ser de gran provecho para nuestra cultura y sociedad cuando los empáticos siguen su verdadera naturaleza y usan su don para ayudar a otros a sanar. Siempre estamos buscando un médico general o especialista que nos haga sentir bien cuidados y amados, por nuestra necesidad de curación y ayuda. Muchos empáticos eligen profesiones que les ayudan a ofrecer atención médica u otros servicios de curación para aprovechar sus habilidades. Es tan gratificante para los empáticos sanar y ayudar a otros como lo es para la comunidad a la que sirven.

Sensible a las necesidades de los demás

Ya has leído que es beneficioso ser altamente sensibles a las personas, animales y lugares. Una extensión de esa alta sensibilidad es ser capaz de determinar lo que alguien o algo necesita tomando en cuenta lo que percibes mediante la energía. Mucha gente podría llamar a esto intuición, y esa es una buena palabra para describirlo; intuir las necesidades de alguien es una habilidad enormemente beneficiosa para mantener a lo largo de la vida y puede ser muy valiosa para todas las relaciones. Antes que te dejes llevar diciéndole a tus seres queridos y parejas que sabes lo que necesitan, es probable que quieras preguntar antes.

Mejor calidad de vida

Intuitiva y abierta, despierta y consciente, la vida de un empático puede tener una calidad elevada cuando acepta tu regalo. Cuando estás alineado con los patrones y las energías de tu existencia en este mundo, estimulas todas las herramientas poderosas para lograr tu verdadero propósito y vivir la vida que deseas. Como empático y siendo alguien con estas habilidades particulares, puedes usarlas a tu favor para ayudarte a mejorar tu calidad de vida a mediante la determinación centrada en confiar en tus dones y habilidades. Esto viene en una variedad de formas; sin embargo, esto siempre estará vinculado a tu concepto de enfrentar tu camino como empático y abrazar tu don.

Todo es más intenso

Quizás, esto podría verse como una desventaja de ser un empático. Sin embargo, la vida no siempre es tan larga como queremos que sea, y hay muchas maneras de apreciar y experimentar nuestro viaje. Para un empático, la mayoría de las cosas son mucho más intensas diariamente, y esto en realidad puede ser un beneficio para su vida ya que todo se pone en una mejor perspectiva. Hay una diferencia entre ser un rey / reina del drama y experimentar todos los altibajos de la vida, no importa cuán intenso sea, con un corazón y mente abiertos. Los empáticos pueden ser muy buenos en cuanto al disfrute de la intensidad de su don con la mentalidad correcta y con las herramientas de equilibrio necesarias para ponerlo en práctica.

Excelentes habilidades personales

Los empáticos tienen dones naturales para tratar con la gente debido a su sensibilidad a la energía, emociones, necesidades y preocupaciones subyacentes. Esto es una ventaja en muchos ámbitos, abarcando las relaciones de parejas, amistades saludables, relaciones padre / hijo, relaciones de trabajo e incluso las interacciones con los extraños. Tener una conciencia clara de cómo la energía de otras personas está afectando la energía que te rodea, puede ayudarte a determinar la mejor manera de abordar una situación con una persona y que es lo más necesario en ese momento. Esto, aunado a una comunicación cuidadosa, puede ser una de las grandes destrezas de los empáticos.

Como puedes ver, hay unos cuantos beneficios de la exploración y aceptación de tu don como empático. Esta lista ciertamente no cubre todo, y puedes descubrir muchas otras ventajas durante tu camino a medida que continúas desarrollando tus habilidades. Dos de los mayores beneficios que resaltan son la conciencia y la curación / la ayuda a los demás. Analicemos más profundamente dichos beneficios y cómo pueden ayudarte a lograr un mayor éxito como empático.

La autoconciencia y la conciencia de los demás

La autoconciencia es una parte importante de la aventura de la vida de un individuo. Cuando estamos buscando dentro de nosotros mismos para encontrar las respuestas que necesitamos, estamos desarrollando nuestra autoconciencia. Para muchas personas, esto parece un hecho, pero te sorprendería saber la cantidad de personas que buscan respuestas fuera de sí mismos. Nadie sabe mejor que tú, cómo responder a tu vocación de vida o como debes avanzar en tu camino.

Una hiperconciencia de los sentimientos, las emociones y las energías forman parte de la vida de un empático, debido a que tienen una mayor inclinación a ser conscientes de sí mismos, ya que es parte de cómo aprenden a relacionarse con el mundo que los rodea. Algunos empáticos luchan regularmente con la autoconciencia porque no han aprendido a equilibrar o afianzar su energía, y luego terminan recolectando la energía y las emociones de otras personas que pueden tener un impacto negativo en su viaje de autoconciencia.

Para obtener más información sobre cómo trabajar dentro de los ámbitos de la autoconciencia, todo lo que debes hacer es conectarte contigo mismo. Hazte preguntas y sigue preguntando hasta que llegues a la respuesta que sabes es la correcta porque siempre ha estado allí dentro de ti. La capacidad de recurrir a ti mismo para obtener información y conocimiento es lo que te ayudará a desarrollar una auto-conciencia más fuerte y poderosa, lo cual conduce a una mayor expansión, crecimiento y transformación personal a lo largo de tu vida.

Los empáticos siempre querrán hacer estas preguntas porque está en su naturaleza analizar dichos asuntos. Como resultado de conectarse con su propia conciencia y el proceso de ser un individuo, tienen la capacidad de crear y desarrollar una comprensión más profunda de otras personas, cómo pueden manifestarse sus propias realidades y cómo impactan sus vidas.

El beneficio de esto siempre se demostrará por sí solo y a medida que aprendas a desarrollar tú propia conciencia de ti mismo. Innatamente trabajarás en desarrollar un sentido y conciencia de los demás. Muchas veces, nuestros egos pueden nublar nuestra capacidad de recibir una buena percepción de otra persona e incluso de nosotros mismos, por lo que forma parte del aprendizaje de la autoconciencia dejar tu Ego en la puerta y llevar contigo sólo tu intuición, percepción sensorial energética y un corazón lleno de amor, compasión y empatía.

Aquí hay una lista de preguntas de autoconciencia que pueden ayudarte a enfocarte más en lo que está dentro de ti, esperando por respuestas:

1. ¿Cómo me siento ahora mismo?

2. ¿Por qué me siento así ahora?

3. ¿Qué pasó justo antes de comenzar a sentirme así?

4. ¿Ha sucedido algo recientemente que me haya hecho sentir así?

5. ¿Me estoy dando lo que necesito hoy / esta semana?

6. ¿Me estoy permitiendo las cosas que necesito para sentirme completo y equilibrado?

7. ¿Cuándo fue la última vez que experimenté alegría?

8. ¿Cómo fue esa alegría?

9. ¿Doy suficiente espacio en mi vida para los momentos alegres?

10. ¿Cuándo fue la última vez que me sentí vulnerable?

11. ¿Qué me hizo sentir vulnerable?

12. ¿Evito momentos o experiencias que me hacen sentir vulnerable?

13. ¿En este momento, hay personas en mi vida que me hacen sentir menos?

14. ¿En este momento, hay personas en mi vida que me ayudan a sentirme más como yo?

15. ¿Cuáles son las maneras en que controlo mi energía o mis emociones?

16. ¿De qué maneras niego mi verdadero yo?

17. ¿Qué es lo que más me gusta hacer?

18. ¿Qué es lo que menos le gusta hacer a mi verdadero yo?

19. ¿Cuánto tiempo me tomo para estar tranquilo y relajado sin ninguna obligación con nadie ni nada? ¿ese tiempo es suficiente?

20. ¿Dónde me gustaría estar en un año?

Toma algún tiempo para responder a esas preguntas. Usualmente la respuesta que buscas se encuentra en tu primer instinto. También puedes crear nuevas preguntas que sean más específicas para las circunstancias y necesidades de tu vida. Siempre hazte preguntas para desarrollar tu autoconciencia. Cuando mejores en saber cómo hacerte esas preguntas, entonces serás un empático con talento al hacer dichas preguntas a los demás.

Sanando y Ayudando a Otros

Uno de los grandes instintos e inclinaciones de los empáticos es sanar y ayudar a los demás. Esto puede darse de dos maneras: bueno o no bueno. Hay muchas buenas razones para ayudar a los demás y en algunas ocasiones las personas a las que intentas ayudar a nivel emocional no quieren tu ayuda. Esto representar un problema para los empáticos cuando tratan de ayudar a otros porque está en su naturaleza hacerlo, pero no siempre es deseado o bien recibido.

A medida que aprendes a perfeccionar tus cualidades y habilidades especiales, puedes usarlas para el provecho de ayudar a las personas y también reconocer a través de tus sentidos y una comprensión profunda, cuando la persona a la que deseas ayudar no desea recibir dicha ayuda. Los beneficios de tener la capacidad de ayudar a las personas adecuadamente porque puedes apreciar lo que sucede debajo de la superficie forman parte de la experiencia de ser un empático. Buscar formas de ayudar a los demás siempre es un buen camino para transitar, mientras te mantengas dispuesto a comprender que realmente no puedes sanar a cualquiera.

Muchos empáticos pierden de vista esto durante su viaje, sintiéndose fortalecidos por su habilidad innata y sus dones para comprender los sentimientos de los demás. Cuando pierdes de vista el verdadero significado de curar y ayudar a los demás, pueden generarse más dificultades para ti y las personas a las que intenta ayudar. Un ejemplo de esto ocurriría cuando estés ofreciendo consejo a alguien y te des cuenta de que no desea tomarlo. Sabes que ese consejo le ayudaría a superar algo, pero no le interesa emprender ese camino. Esto puede ser desalentador cuando estás seguro de la utilidad de tu consejo. Los empáticos deben recordar entonces que no pueden curar a alguien por sí solos, las personas deben escoger hacerlo por sí mismas.

Los dones que provienen de ser un empático te permiten mostrarles a los demás lo positivo de embarcarse en un camino de curación y ayuda; esto no siempre implica que la otra persona tomará tu consejo o prestará atención a tus conocimientos, pero puede ser un catalizador para el crecimiento de muchas personas. El propósito de los empáticos varía ampliamente y muchos de ellos eligen carreras que les permiten ayudar a las personas a través de sus viajes de curación e integridad utilizando sus dones y habilidades.

Cuando comiences a practicar más tu verdadero poder como empático, es posible que te sientas atraído por una nueva carrera o profesión que te brinde la posibilidad de ayudar a las personas a curarse a sí mismas. Hay muchas formas de ejercer dichas ocupaciones y en la siguiente sección, aprenderás más sobre algunas de las profesiones a las que comúnmente aspiran los empáticos.

Posibles profesiones para ayudarte a prosperar en la vida como empático

Si eres un empático hay una variedad de excelentes opciones de trabajo e incluso algunas no aparecerán en esta lista, debido a la gran cantidad de maneras impresionantes en las que puedes utilizar tu don y habilidades. Las siguientes carreras son algunas de las que están directamente relacionadas con el uso de tus habilidades para ayudar a otros.

1. <u>Terapeuta / Trabajador social:</u> la terapia se presenta en distintas formas y en una variedad de perspectivas y aplicaciones. El trabajo social tiene un vínculo directo con trabajar en terapia conductual y puede ser una profesión muy dinámica que se ocupa de las personas y su progreso. Cualquiera de estas profesiones está íntimamente vinculada con las experiencias emocionales de los demás y cómo ayudarles a encontrar el camino correcto para crear las circunstancias de vida que quieren y necesitan para prosperar. Los terapeutas se encuentran permanentemente discutiendo los sentimientos y se muestran entusiasmados por ayudar en su progreso. Los trabajadores sociales te ayudan a encontrar una mejor manera de vivir una vida más saludable, después de sufrir de traumas, abandono o abuso. Algunos trabajadores sociales incluso pueden diagnosticar problemas de comportamiento en sus usuarios y estos son los trabajadores sociales clínicos. Un empático prosperaría en esta carrera debido a la necesidad de comprender las emociones de una persona y ayudarla a facilitar el cambio. ¿Qué mejor papel para alguien que puede percibir y sentir profundamente los sentimientos de otro? Lo único en lo que deben tener cuidado los empáticos es en mantener su propia energía y asegurarse de no recopilar la energía de varios usuarios a lo largo del día.

2. <u>Profesional de la salud</u> – Bien sea como médico, enfermera, partera, trabajador hospitalario o un naturópata,

el trabajo de un profesional de la salud requiere una gran cantidad de compasión, comprensión y empatía. La mayoría de las personas tienen la necesidad de buscar atención médica a lo largo de sus vidas y buscan al profesional de salud con el que se sienta cómodo y que pueda responder o entender la dificultad, el dolor o incluso el placer que están experimentando con su salud física. Los empáticos son excelentes profesionales de la salud porque pueden detectar fácilmente las necesidades de atención y la mejor manera de ayudar a cada individuo. Cuando se describen las cualidades de un trabajador de la salud, "tratar bien al paciente" siempre es un aspecto que debe tomarse en cuenta. Los empáticos tienen la capacidad de tranquilizar a casi cualquier persona gracias a sus dones de compasión y comprensión hacia sus pacientes.

3. <u>Veterinario:</u> no siempre se trata de seres humanos; Los empáticos están dotados de comprensión hacia los sentimientos de los animales y cómo responder a ellos adecuadamente. Los empáticos serían excelentes veterinarios debido a lo bien sintonizados que están con la energía de todos los seres vivos. Algunos veterinarios empáticos pueden incluso a veces experimentar lo que se siente "escuchar" o "sentir" lo que el animal o la mascota podría estar pidiendo o necesitando. Esto ha sido reportado en varios casos y es por ello que algunas personas optan por trabajar en la medicina de animales como primera opción, porque saben lo que el animal quiere o necesita.

4. <u>Terapeuta de masajes:</u> el masaje es otra forma de terapia que implica la curación de músculos y tejidos y puede parecer que no tiene nada que ver con las emociones, pero el cuerpo y la mente están significativamente relacionados. Un empático es un buen terapeuta de masaje debido a lo fuerte que puede sentir las necesidades del cuerpo de la persona, cómo se ha lesionado o dónde necesita trabajar

más. Algunos terapeutas de masajes empáticos incluso han reportado ocasionalmente la capacidad de escuchar las preocupaciones o temores que pueden surgir cuando se está trabajando en alguien durante una sesión terapéutica. Hay muchas modalidades distintas de masaje que vale la pena explorar si te sientes atraído por este tipo de trabajo curativo y puedes ofrecer terapia de masajes de pareja para un mayor impacto curativo.

5. <u>Maestro de Reiki</u> – No tienes que ser un maestro de Reiki para aplicar esta terapia a alguien, pero ese sería el nivel más alto que se puede obtener en esta terapia especializada que se conecta solo a los centros de energía y al sistema de su cuerpo y no implica ninguna manipulación de tejidos, como en un masaje. El Reiki es una forma única de terapia curativa que se deriva de la medicina y practicas espirituales orientales, especialmente aquellas relacionadas con los chakras y auras. El sistema de energía de tu cuerpo está estrechamente relacionado con tus cualidades físicas y salud, por lo que cuando recibe una experiencia energética curativa de un profesional de Reiki, está impactando no solo tu auras y chakras, sino también en tus órganos, músculos, tejidos y incluso tu pensamiento y emociones. Junto con el masaje, este trabajo de curación empática es una fuerza formidable para ayudar a cualquiera a alinearse mejor con su salud y bienestar personal, aparte de las visitas al médico. Los empáticos ya son expertos en la lectura de energía, por lo que trabajar como profesional de Reiki es una buena opción para ellos.

6. <u>Artista creativo:</u> muchos empáticos son naturalmente creativos debido a lo emocional que puede ser el arte, ya sea en la creación o en la apreciación del mismo. El

acto de creatividad es un proceso altamente emoción y como los empáticos a menudo están muy motivados por los sentimientos y la energía de las emociones, son excepcionalmente buenos para hacer obras de arte. Hay varias formas y medios diferentes en el arte, como la pintura, el dibujo, la escultura, la elaboración, y así sucesivamente que pueden ayudar al empático a mostrar sus verdaderos colores como un individuo profundamente sensible y emocional.

7. Artista dramático: dramatizar requiere la capacidad de demostrar una amplia gama de emociones humanas. Muchos actores y actrices pueden ser empáticos debido a su capacidad para comprender y conectarse con las emociones humanas en un nivel más profundo. Esto también se considera un arte creativo, utiliza menos materiales de arte y se trata más de la expresión emocional al representar una variedad de personajes y escenarios. A los empáticos les va bien en el trabajo de actuación porque realmente pueden sentir su papel. Otras representaciones artísticas pueden incluir diferentes tipos de baile que permiten a los empáticos explorar la expresión emocional a través del movimiento. En realidad, esta puede ser una profesión muy sólida para un empático porque ayuda a mantener el equilibrio en el cuerpo mientras explora las emociones. La expresión emocional pueden ser sacadas a menudo del cuerpo y seguir viviendo en tu mente. La expresión emocional a través del movimiento físico es una oportunidad profesional muy poderosa para un empático.

8. Recursos humanos: muchas empresas requieren una gran cantidad de personas para mantenerse a flote y operar. Muchos empleados tienen que estar bien retribuidos en intercambio por su trabajo duro y dedicación.

Los departamentos de recursos humanos suelen representar un puente entre el personal y los ejecutivos de la compañía que necesitan saber cómo mantener contentos a sus empleados. Sin un departamento de recursos humanos, ¿a dónde irían los empleados para expresar sus necesidades y preocupaciones sobre el trabajo? No todas las empresas trabajan bien con sus empleados de esta manera; sin embargo, aquellas que lo hacen han visto un aumento en la productividad de sus empleados porque se sienten más motivados para hacer un buen trabajo. Los empáticos son excelentes gerentes de recursos humanos debido a sus habilidades para ayudar a las personas con sus necesidades. Dado que los empáticos pueden percibir los sentimientos de los demás, a menudo pueden usar su don para ayudar a muchas personas a la vez y ser una voz para todo el equipo, actuando en nombre del bien de todas las personas del personal, así como de los empleados a nivel individua, cuando estos tienen preocupaciones personales y problemas con su trabajo.

9. <u>Servicios de cuidado de niños</u> - los empáticos tienen muchos dones para el trabajo con niños ya que estos requieren mucha atención, cariño y cuidado. En la actualidad, muchas madres y padres deben ir a trabajar todos los días y, a menudo, necesitan cuidadores de calidad para sus hijos mientras están fuera de casa. Los empáticos son expertos en atender las necesidades de la mayoría de las personas y por lo general, los niños necesitan más apoyo emocional porque todavía están creciendo y aprendiendo a expresar sus sentimientos. Los empáticos pueden ser de gran provecho como profesionales de cuidado infantil porque pueden ayudar a los niños a aprender mejor cómo comunicar sus sentimientos y, cuando no pueden, un empático les ofrecerá apoyo emocional según

sea necesario. Cada vez son más los niños son puestos en servicios de cuidado diario y están lejos de sus padres y por eso es importante darles ternura, amor, compasión y comprensión. Por dichos motivos, los empáticos son excelentes niñeras, au pairs y profesionales regulares de cuidado infantil.

10. <u>Trabajadores humanitarios:</u> muchos de los trabajos enumerados anteriormente pueden pertenecer a la categoría de trabajo humanitario. Existe una amplia gama de profesiones y carreras que se consideran de carácter humanitario. Un humanitario es básicamente alguien que se preocupa o busca promover el bienestar humano. Muchos empáticos se sienten atraídos por las profesiones humanitarias debido a lo bien que aportan al bien de todos. Aparte de los trabajos mencionados anteriormente, tales como profesionales de la salud, terapeutas, especialistas en recursos humanos y en servicio de cuidado de niños, algunos otros trabajos humanitarios incluyen lo siguiente: asesor educativo, ingeniero ambiental, especialista en comunicaciones, especialista en financiamientos y primas, nutricionistas, parteras y ayudantes de nacimiento.

No tienes que ser un empático para elegir estas carreras, ni tampoco debes elegir ninguna de ellas solo porque lo seas. Hay muchos trabajos y carreras en los que cualquier empático puede encontrar una manera de prosperar. Sin embargo, muchas de las carreras mencionadas anteriormente son algunas de a las que frecuentemente los empáticos se sienten naturalmente atraídos debido a sus dones y habilidades específicas.

Los empáticos se benefician de muchas partes diferentes de su energía y experiencia emocional y pueden encontrar el equilibrio y la base adecuados en su vida para evitar los inconvenientes y las dificultades de ser una persona tan abierta y sensible. Con frecuencia, utilizando un enfoque y herramientas apropiadas, así como una base energética sólida, los beneficios de ser empático y el resultado de vida generalmente superan cualquiera de los problemas que puedan surgir para ti.

En el siguiente capítulo, aprenderás más sobre cómo protegerte de la energía no deseada para que puedas prosperar en todo lo que hagas, manteniendo límites saludables con los sentimientos y experiencias emocionales de otros. Descubrirás métodos para protegerte, los beneficios de controlar tu energía y lo que eso implica y formar creativas de mantenerte alejado de la energía no deseada para poder vivir la vida que deseas sin perder nada de tu poder personal sobre los sentimientos y energías de los demás.

Capítulo 4: Herramientas de sanación y equilibrio para los empáticos

A lo largo de tu viaje de autodescubrimiento como empático, es posible que ya hayas descubierto algunos de los problemas que pueden limitar tu capacidad de vivir feliz y plenamente con tus dones. En los capítulos anteriores, has leído sobre muchas de las dificultades y problemas comunes que pueden surgir para ti si no estás trabajando con tu don o no tienes conciencia de cómo funciona o cómo puede hacerte sentir si no estás protegido, preparado y conectado a tierra para recibir las energías de otras personas.

Has leído cómo estos desequilibrios energéticos a menudo se pueden manifestar mediante enfermedades físicas o padecimientos como, depresión, ansiedad, insomnio y otros estados emocionales complejos. También has leído que al ser un empático que cuida bien su energía y teniendo conciencia de lo que te está afectando, puedes disfrutar de los beneficios y los dones de estar en sintonía con otros y en tu vida en general.

Involucrarte en el desarrollo de una vida saludable para mantener el soporte emocional, mental, físico y espiritual es la mejor manera de ayudarte a prosperar como un empático. Hay distintas maneras de manejar las energías no deseadas de otros y las situaciones desafiantes, puede que ya conozcas algunas de ellas o las hayas involucrado en tu vida.

El propósito de este capítulo es enseñarte algunas de las formas en las que puedes cuidarte en tu vida diaria para asegurarte de estar aceptando la verdad respecto a lo fácil que te ves afectado por la energía de los demás. Utilizar determinadas herramientas y métodos de limpieza de energía puede marcar la diferencia en tu vida, especialmente si no estás usando estos métodos.

A medida que comiences a dedicar más tiempo y energía a ti mismo, trabajando con tu poderoso don, enseñándote a ti mismo cómo manejarlo y cuidarlo, comenzarás a descubrir el verdadero significado de tu poder personal y cómo puede darte más de lo que quieres de la vida. Blindarte y protegerte a ti mismo cotidianamente, puede ser necesario, dependiendo de qué tan fuertes son tus habilidades como empático. Incluso si nunca has hecho nada como esto antes, comenzar a hacerlo ahora te ayudará a recuperar tu verdadero ser.

Las siguientes secciones explicarán formas más específicas en las que puedes emplear herramientas espirituales, el concepto de limpieza de energía y cómo funciona, la práctica de la atención plena para mantener su energía equilibrada y consciente, y cómo la meditación puede ser la herramienta de equilibrio final.

¿Qué son las herramientas de sanación espiritual y cómo usarlas?

Las herramientas espirituales vienen en muchas formas, tamaños y tipos. Son fáciles de usar y siempre están disponibles cuando las necesitas. Algunos son objetos y otras herramientas espirituales como podrían ser una práctica relajante o una meditación para ayudarte a realinearte contigo mismo. Cualquiera beneficiarse de las herramientas espirituales y los empáticos se ven muy afectados al usarlas.

Hay muchas maneras de usar estas herramientas y este libro ofrecerá una comprensión básica así como una descripción general de cuáles son algunas de ellas y algunas instrucciones simples sobre cómo incorporarlas a sus prácticas cotidianas. Con el tiempo, puedes modificar o crear nuevas formas de usar estas herramientas y disfrutarás desarrollando tu propia relación y única con ellas.

Cristales y piedras

Las personas han utilizado la magia y el poder de los cristales y las piedras durante años. Se han vuelto más populares en las comunidades esotéricas en nuestra cultura moderna y están fácilmente disponibles en una variedad de tiendas locales y minoristas en línea. Todos ellos tienen fuertes propiedades energéticas y cuando se combinan con meditaciones y visualizaciones creativas, pueden ser una manera muy útil de reequilibrar, recargar y refrescar tu energía.

Vienen en diferentes formas y tamaños y cada uno tiene propiedades, cualidades y características únicas que te beneficiarán. Los cristales y las piedras se conectan directamente a tu campo de energía proporcionándote una nueva forma de vibrar enérgicamente, de modo que si te sientes incómodo después de cierta conversación o experiencia con una persona, puedes aplicar la energía de ciertos cristales a tu cuerpo y sentir como tu vibración energética regresa a la normalidad.

Algunas personas los usan como joyas, mientras que otros los llevan en sus bolsillos o en algún lugar oculto sobre ellos. También puedes utilizarlos en rituales de limpieza o reequilibrio al final de un largo día colocándolos sobre tu cuerpo, generalmente sobre tus 7 chakras, para ayudar a reajustarte y conectarte a tierra.

Existen miles de cristales que pueden ser útiles, y solo tu sabrás exactamente cuáles se *sienten* bien para ti. Confía en tu intuición para ayudarte a encontrar la adecuada para tu experiencia. Algunos ejemplos de piedras poderosas para la limpieza, conexión a tierra o para la protección de la energía de los empáticos son los siguientes:

- Turmalina negra: uno de los cristales de protección más potentes.

- Piedra protectora de hematita; te ayuda a encontrar respuestas a los grandes cuestionamientos.

- Cuarzo rosado: puede abrir el chakra del corazón y también protegerlo de abrirse demasiado a la energía no deseada de otras personas

- Malaquita: limpia la energía estancada y no deseada

- Obsidiana negra: protege las energías del aura, elimina la energía no deseada

- Fluorita: te ayuda a reequilibrar las emociones cuando se sienten "apagadas"

Todas estas piedras son realmente útiles y beneficiosas para ayudarte a mantenerte protegido y resguardado. Al mismo tiempo, es posible que también quieras involucrarte con cristales y piedras que pueden ayudarte a ser más abierto y estar en sintonía con tus cualidades psíquicas o tu capacidad para sanar y ayudar. Algunos de esos cristales son:

- Amatista: aumenta las capacidades psíquicas; protege contra cualquier negatividad

- Cianita: cura y alinea todos los chakras y auras

- Lapislázuli: conecta a una gran energía, a veces considerada como guía espiritual

- Cristal de cuarzo: ayuda a mantener la mente despejada para escuchar la verdad

- Labradorita- aumenta la intuición

Es posible que no solo desees proteger tu energía; También es posible que desees mejorarla y potenciarla. Estas piedras, junto con la lista de piedras protectoras y de blindaje, pueden ofrecerte un mayor equilibrio energético para tu vida diaria. Encuentra los cristales que resuenan contigo y sé creativo con la forma en que los aprovechas en tu vida.

Incienso y humo

Muchas tradiciones aun utilizan incienso y humo para las prácticas espirituales, pero ¿alguna vez has sabido la razón? El uso de incienso o humo se ha dado durante siglos en ceremonias y rituales en todas las culturas debido a su capacidad para purificar y limpiar el espacio o la energía del cuerpo. El aroma del incienso puede alterar fácilmente tu estado mental o cómo te sientes, por lo que encontrar un aroma de incienso que sea sólido y beneficioso para ti puede ser muy útil para tener en casa cuando necesites "disipar" energías no deseadas.

Muchas personas utilizan un montón de hojas secas de salvia por las propiedades de limpieza que tienen su humo y esencia. También puedes utilizar cedro seco, hierba dulce y otras hojas de plantas que se quemen lentamente y produzcan un humo dulce y perfumado que sane las energías de una habitación o de una persona. Puedes incorporar este tipo de herramientas de curación espiritual en tus prácticas cotidiana simplemente quemándolas para que desprendan su olor o esparciendo el humo a través de tu hogar o alrededor de cualquier área que se sienta energéticamente "atrapada" o estancada.

También puedes esparcir el humo alrededor de tu cuerpo para purificar y limpiar tu propio campo de energía. Como empático, es posible que debas hacer esto más seguido, incluso diariamente, pero a medida que te sientas más cómodo con tu don, no necesitarás hacerlo tan a menudo porque te apoyarás más en otras herramientas y prácticas de sanación.

Si eres sensible al humo y al olor, es probable que debas buscar otras herramientas de curación que te beneficien más.

Sal y agua

La sal es un elemento de conexión a tierra increíblemente poderoso y tiene la capacidad de devolver la energía a su estado original. Muchas personas usan agua salada tibia para limpiar sus cristales y piedras, ya que estos tienen la capacidad de absorber energía y aferrarse a ella. La sal y el agua deben utilizarse en la mayoría de los cristales y piedras con el fin de mantenerlos en el equilibrio a medida que trabajas en tu propio balance. Solo necesitas hacer esto de vez en cuando, pero es útil saber que además de usar agua salada en tus cristales, puedes usarlo en ti mismo para lograr los mismos resultados.

El agua es un poderoso agente limpiador. Nos bañamos en ella, lavamos nuestra ropa y nuestros platos, y la bebemos para mantenernos hidratados y también para eliminar lo que ya no necesitamos en nuestros cuerpos. El agua también puede funcionar como una herramienta de limpieza para tu energía general y usarla junto con la sal puede brindarte una poderosa experiencia de curación y limpieza.

Puedes tomar un baño de agua salada caliente al final de un largo día y limpiar toda la energía recolectada y no deseada a la que te hayas conectado o llevado contigo. Al final del baño, puedes liberar esa energía por el desagüe y conscientemente verla partir, permitiendo que tenga lugar una limpieza energética completa.

Ya sea que la estás utilizando para limpiar la energía de sus cristales y piedras o la emplea para limpiar la energía, la sal y el agua se reúnen para realizar una limpieza de gran alcance, de puesta a tierra y brindar una experiencia curativa

Sol y tierra

El poder del sol sobre tu piel casi siempre puede hacerte sentir mejor. En una mañana brillante y soleada, salir y dejar que los rayos del sol brillen en tu rostro, cerrando los ojos y disfrutando del calor de esa luz amarillo-naranja, puede transformar tu energía. Además, el poder de estar afuera en la naturaleza tiene un impacto positivo en tu energía y te brinda solidez. Sentarte afuera con un poco de sol en tus mejillas es una herramienta espiritual poderosamente curativa, y no te cuesta nada más que un poco de tu tiempo.

La luz del sol y la energía de la Tierra son excelentes herramientas para los empáticos. Los empáticos necesitan pasar tiempo cerca de la naturaleza para recargar sus baterías. Ciertamente, todos podríamos usar un poco más de tiempo al aire libre y en la naturaleza y una vez que reconozcas que eres un empático, puedes encontrar que este tipo de experiencia se sentirá diferente para ti, especialmente si estás usando tu tiempo en la naturaleza para sanar y realmente estás disfrutando de su belleza desde una perspectiva de sanación y equilibrio.

No todos los días son brillantes y soleados, pero aún puedes disfrutar de la poderosa calidad de la energía de la Tierra mientras buscas herramientas que te sirvan de apoyo en tu viaje como un empático.

Por la luz del fuego

Al igual que el calor del sol, el elemento fuego es una manera de reconectarte con tu propio fuego y energía interior. Los empáticos pasan mucho tiempo conectándose con todas las demás energías que los rodean, especialmente cuando les resulta difícil mantenerse equilibrados y conectados a tierra. Mirando el fuego de una vela encendida o encendiendo el fugo de una chimenea o en el patio trasero, puedes conectar fácilmente con tu propia energía.

El fuego es limpieza y también puede ayudar a liberar y dejar de lado las energías no deseadas, emociones, experiencias y los sentimientos propios o ajenos que han sido acumulados o experimentados.

Escribe en una hoja de papel todas las cosas que desea liberar de su energía. Deja que el fuego consuma el papel, tenga mucho cuidado y tome precauciones de seguridad cuando uses el fuego como herramienta de curación. Puedes hacer esto con tanta frecuencia como desees pero el acto de escribir físicamente tus preocupaciones, sentimientos, o tragedias en una hoja de papel y dejar que se queme en el fuego es una forma increíblemente útil de liberar ciertas energías.

Meditaciones y afirmaciones

El poder de la meditación no es un secreto; Se ha utilizado transculturalmente desde los albores de la aceptación de la espiritualidad por los seres humanos. La meditación simplemente es un acto de encontrar un momento tranquilo para conectarte contigo mismo a través de la reflexión pacífica. Puedes encontrar un montón de reglas, pauta o instrucciones en la web para aprender la forma "correcta" de hacerlo pero en realidad no hay una manera correcta o incorrecta de meditar.

Todo lo que necesitas es tiempo, espacio y la voluntad de profundizar en ti mismo y escucharte. ¡Eso es todo! La meditación impacta en tu energía y en cómo te aferras a todo lo que no necesitas. Muchos pensamientos y emociones pueden surgir mientras cierras los ojos y miras a tu interior; déjalos surgir. La mejor manera de entender lo que realmente está dentro de ti es escuchando tus propios pensamientos y sentimientos e identificando lo que necesita ser liberado o limpiado.

Una vez que identifiques lo que necesita liberarse, podrías encintar esas afirmaciones que puede ayudarte a dejar ir los pensamientos, ideas y emociones que podrían estar frenándote. Las afirmaciones son declaraciones simples y concisas que te ayudan a lograr una mejor conciencia de ti mismo así como un crecimiento personal, tomando en cuenta lo que necesitas sanar, a través de la meditación podrás saber cómo crear tu afirmación.

Las afirmaciones son declaraciones positivas que te ayudarán a identificar tus necesidades. Aquí están algunos ejemplos:

- Estoy dispuesto a dejar ir lo que no me pertenece.

- Soy una poderosa fuente de amor, y acepto mi sensibilidad a las necesidades de otras personas.

- Estoy explorando cuidadosamente mi decisión de despertarme a mi propósito como empático.

- Disfruto sintiendo y percibiendo las cosas con tanta fuerza.

- Tengo la capacidad de disfrutar este regalo sin dejar de lado lo que realmente soy para las necesidades de los demás.

Practicar la meditación y la afirmación te ayudará a experimentar una mayor autoconciencia y también te ayudará a mantenerte firme, abierto y claro a tu propia energía a medida que exploras y experimentas relacionarte con los demás.

Visualización creativa

Explorar su "ojo interno" puede aumentar tu capacidad de ver más claramente lo que otros no quieren ver. La visualización creativa es otro tipo de meditación y tiene un impacto en tu capacidad para conectarse con tu propia energía y viaje espiritual.

La práctica de visualizar no es tan difícil parece, solo requiere imaginación y el deseo de mirar las cosas con los ojos cerrados. Después de mejorar en estas habilidades, podrás visualizar con los ojos abiertos.

Cierra los ojos e imagina un objeto en tu mente. El objeto puede ser lo que quieras. Asegúrate de ver sus detalles: ¿de qué color es? ¿Forma? ¿Textura? Tenlo en mente y continúa desarrollando detalles hasta que puedas "verlo" completamente en su mente. Practica esto regularmente y visualiza unas diferentes cosas. Puede comenzar viendo paisajes, edificios, grupos de personas, animales, cualquier cosa que surja tendrá importancia o significado para ti.

Cuando mejoras en el uso de tus habilidades de visualización creativa, puedes emplearlas para ayudar a protegerte de energías no deseadas. A veces, cuando estás conversando con alguien, puedes comenzar a sentirte agotado por su energía. Utiliza la visualización en esta situación e imagina un escudo de luz a tu alrededor. Haz que sea un color que te proteja. También puedes imaginar una cortina transparente, como una manta que cuelga entre tu ser y la energía de la otra persona. Esto puede ayudarte a sentirte protegido de su energía pero manteniendo la capacidad de participar en la conversación.

La visualización creativa tiene muchas aplicaciones, y a medida que exploras tus dones empáticos, puedes encontrar que es útil en más de un sentido.

Limpieza de energía para ti mismo y para otros

Ahora que tienes una mejor comprensión de las herramientas de curación espiritual y cómo usarlas, puede aprender más sobre los principios de limpieza de energía y cómo se ve realmente. Muchas personas ya han comenzado a experimentar algunos de los conceptos e ideas detrás de la limpieza de energía y cómo funciona a partir de la práctica de ciertas filosofías orientales. Desde su llegada a Occidente, el yoga ha sido una herramienta increíblemente exitosa para que las personas tomen conciencia de su cuerpo, respiración y energía.

También hay otras prácticas corporales y espirituales que profundizan en los conceptos de nuestro sistema de chakras y por qué necesitamos mantenerlo equilibrado. Todos tenemos energía y esta se organiza de cierta manera en todo nuestro cuerpo y en el espacio que lo rodea.

Tu cuerpo tiene 7 chakras principales, que comienzan en la base de su columna vertebral en el hueso de la cola y van hasta la coronilla. Cada uno de estos chakras tiene una cierta calidad de energía y cuando están desequilibrados, congestionados o bloqueados, pueden causar problemas para tu equilibrio energético general. Los chakras están directamente vinculados a tu capacidad para desempeñarte como una fuerza vital energética totalmente funcional y necesitan ser tratados y curados con la misma atención que pueda requerir tu cuerpo físico.

El chakra raíz está en la base de la columna vertebral. El segundo, o chakra sacro, está justo debajo del ombligo. El chakra del plexo solar está sobre el ombligo y justo debajo de las costillas. El chakra del corazón está conectado al corazón. El chakra de la garganta está en la base del cuello. El chakra de la frente, o "tercer ojo", está justo arriba y entre las cejas y el séptimo, o el chakra de la corona está en la coronilla de la cabeza.

Cada uno de estos chakras tiene un fuerte impacto en tu bienestar físico, mental, existencia y emocional. A medida que estos centros de energía trabajan para funcionar normalmente, pueden recoger las energías de otras personas, lugares y cosas sin su conocimiento consciente. Como empático es importante comprender el sistema de chakras para que entiendas mejor cómo limpiar y sanar tu propia energía.

Tus auras también están vinculadas a los chakras de tu sistema. Cada chakra emite directamente una capa de su campo áurico para que el aura del chakra raíz esté más cerca de tu piel y el chakra de la corona esté más alejado de tu cuerpo, a veces, hasta a dos pies de distancia.

A medida que comienzas a entender estos conceptos, puedes ver cómo un empático tiene la capacidad de adquirir fácilmente la energía de otro. Al estar tan abierto a la energía de cualquiera, ya que se extiende 12-24 pulgadas de distancia de su cuerpo, no es de extrañar que seas capaz de tomar también sus pensamientos, sentimientos y emociones. La mejor manera de comprender esto es trabajar en primer lugar en la curación y la comprensión de tu propia energía a partir de esta perspectiva y luego aprender a reequilibrar continuamente, actualizar y centrar los centros de energía de tu propio cuerpo.

Todas las herramientas mencionadas en la última sección pueden ayudar con este proceso, especialmente cuando se usan regularmente y combinadas. Con el tiempo, comenzarás a ver resultados importantes en tu energía y a notar su buen funcionamiento También tendrás una mejor entendimiento de cuándo tu energía está fuera de control porque tendrás una mejor comprensión y conciencia de cómo funciona.

Los bloqueos de energía en los chakras son algunas de las razones más comunes por las que las personas tienen trastornos de personalidad, problemas de salud mental y emocional e incluso dolencias físicas como dolores de cabeza crónicos o fatiga, úlceras y resfriados o enfermedades frecuentes.

Realmente no puedes limpiar la energía de otra persona sin su permiso. Sin embargo, si estás cerca de alguien y encuentras que estos métodos funcionan para ti, puedes ayudarlos mostrándoles lo que sabes sobre los chakras y usando herramientas de limpieza de energía como las enumeradas en la última sección. Siempre puedes proteger tu energía. Sin embargo, encontrar un método o rutina que funcione mejor para ti es imprescindible. Tu rutina puede cambiar y evolucionar con el tiempo, ¡y eso está bien! Comienza ahora con lo que sientas que es beneficioso para ti.

Algunos chakras pueden necesitar más atención que otros. Unos serán menos problemáticos en general a lo largo de tu vida, mientras que otros parecerán necesitar limpieza constante. Cuanto más conozcas tu propia energía, aparte de la de otras personas, podrás leer mejor en estos sentidos y saber cómo ayudar a liberar cualquier cosa que esté atascada o bloqueada.

Practica la limpieza de energía con cualquiera de las herramientas que se enumeran en este capítulo. También puedes tener algunas otras herramientas que agregar a la mezcla. ¡Se creativo y diviértete con ello! Haz que tu rutina de limpieza y energía sea tan única como tú.

Prácticas de conciencia y atención plena

Ya has aprendido en el Capítulo 3 acerca de cómo la autoconciencia puede ser un beneficio para ser un empático y algunas preguntas que puedes hacerte para crear más conciencia. Esto también es una excelente manera de crear equilibrio y sanarte a ti mismo. Es un beneficio y una herramienta que ayuda a la alineación con tu energía y mantenerte conectado a otras personas que puedan afectar tu energía.

A veces, en la vida, tenemos que enfrentar muchos desafíos y situaciones diferentes; simplemente van con el hecho de ser humanos y vivir aquí en la Tierra con otras personas. Tener un trabajo, una casa, una familia y amigos, facturas y todo lo que implica tener una vida normal puede crear todo tipo de desafíos y experiencias interesantes, valorando y apreciando todos estos momentos, incluso cuando son difíciles.

Los empáticos pueden tener una experiencia aún más incómoda o intensa cuando se ocupan de estos asuntos y tienen otro nivel de detección más allá de lo que se aprecia a simple vista. La conciencia es una excelente herramienta para mantenerte a flote en tiempos difíciles o durante relaciones o conversaciones complicadas. Cuando entras en un mundo de conciencia, estarás en mejores condiciones de manejar toda la energía involucrada para que no te abrume ni te descomponga.

La conciencia conduce a la atención plena y esta es solo otra forma de meditación. Trabajar en los asuntos de la vida de una manera consciente, te ayudará siempre a llegar a donde necesitas ir y cuando los demás congestionan tu energía, a crear consciencia sobre esto y regresar conscientemente a tu equilibrio interno puede mantenerte firme y seguro en tus experiencias.

Al igual que la meditación, esto requiere la capacidad de ver con claridad y escuchar profundamente. A diferencia de los principios de la meditación, la atención plena se puede practicar en medio de cualquier situación o momento. Requiere que prestes mucha atención a ti mismo (autoconciencia) y a los demás o al medio ambiente para que puedas abordarlo conscientemente sin dejar que cambie tu energía de lo que quieres a otra cosa.

La atención plena se puede practicar y mejorar con el tiempo. Se deriva del proceso de autoconciencia y la observación cuidadosa de todo lo que ocurre en el momento. Trabajar con esto como una herramienta para ayudarte a mantenerte equilibrado y claro te dará una experiencia más poderosa como empático.

Pasos para una meditación de equilibrio y conexión a tierra

Ahora que comprendes muchas de las herramientas que pueden usarse para ayudar a mantenerte equilibrado y limpio enérgicamente, puedes comenzar a darte más libertad para ser tu mismo y fijar límites más saludables con otras energías a las que podrías estar propenso a recolectar y experimentar.

Los siguientes pasos para una meditación de equilibrio y conexión a tierra te darán una idea de un método simple que puedes comenzar hoy para brindarte mayor limpieza energética y balance. Puedes modificarlo como mejor te parezca e incorporar las herramientas que te parezcan adecuadas. Esta meditación incluirá la conciencia, la visualización creativa, cristales y humo. Puedes decidir que te gustaría modificar esta meditación al realizarla en un baño de sales o recostarse afuera en la hierba bajo el cálido sol. También puedes realizar esta meditación en un lugar tranquilo de tu hogar.

Meditación de equilibrio y conexión a tierra:

1. Enciende tu salvia u otro palillo de mancha y déjalo humear por un momento. Agítalo alrededor de tu cuerpo y del lugar donde te acostarás para la meditación. (Puedes apagarlo o dejar que se consuma durante tu meditación).

2. Procede a tumbarte en el suelo, sobre una cama o un sofá para que estés en una posición cómoda para tu espalda. Coloca una almohada debajo de las rodillas si necesitas apoyo para la parte baja de la espalda.

3. Usando uno o más cristales y piedras curativas, colócalos en tu chakra del corazón, chakra del tercer ojo y chakra de la raíz (en el caso de la piedra del chakra de la raíz, puedes descansarla en tu hueso púbico o moverla más abajo para que esté lo más cerca posible de tu raíz, en la parte superior de los muslos). Si solo tienes un cristal, colócalo donde quiera estar; usa tu intuición para colocarlo correctamente.

4. Cerrando los ojos, inhala y exhala, relajando tu cuerpo. Trae conciencia a tu cuerpo y siente dónde hay tensión. Liberar cualquier tensión que puedas estar acumulando en tu cuerpo y relájate totalmente.

5. Presta atención a los sonidos de la habitación, la casa o el exterior, mientras mantienes los ojos cerrados. Lentamente aleja tu enfoque del mundo exterior y llévalo nuevamente a tu cuerpo. Observa cómo se sienten los cristales descansando en tus chakras. Nota cualquier hormigueo, contracciones nerviosas, o sentimientos de vibración que pudiera surgir. Presta atención a las señales de tu cuerpo y deja que salga a la superficie todo lo que necesites.

6. Manteniendo los ojos cerrados, comienza a visualizar los chakras en tu cuerpo. Ve tu energía y cómo se mueve, o no se mueve, dentro de ti. Deja que surjan las imágenes que quieras. Puede comenzar a ver cosas que no tienes la intención de imaginar, pero que aparecen.

7. Mientras continúas respirando y relajando su cuerpo, visualiza tu mano moviéndose hacia cualquier chakra que parezca congestionado o bloqueado. Con tu mano imaginaria, recoge cualquier pieza de energía u objeto sombrío que parezca que está bloqueando tu chakra. Mírate a ti mismo alejándolo de tu cuerpo y tirándolo lejos de ti. Puedes repetir esto con cualquier chakra que parezca que necesita atención.

8. Ahora, visualiza todos tus chakras nuevamente y ve cómo se mueven y se sienten. ¿Se ven más abiertos, más activos? ¿Son más coloridos? Hay alguna sensación nueva en tu energía?

9. Continúa respirando profundamente y relaja tu cuerpo por un tiempo.

10. Cuando estés listo, siéntate y vuelve a encender tu incienso o palillo de mancha y limpia el aire a tu alrededor, soltando y liberando por completo cualquier energía que hayas "extraído" de tu sistema. Ahora estás conectado a tierra y limpio.

Esta meditación es una versión simple de algo sobre lo que puedes comenzar a crear. Esto será único para ti y a medida que lo practiques más, mejor será tu conexión a tierra y limpieza. Cada vez que lo hagas, será una experiencia completamente diferente, según lo que necesite conexión a tierra y limpieza. Algunas personas encuentran que es útil llevar un diario o un registro de sus prácticas de meditación para procesar mejor las emociones, pensamientos y efectos visuales que pueden surgir cuando se hace este tipo de meditación.

Experimentando y explorando, ¡encontrarás una nueva forma de abrazar tu vida como empático!

Capítulo 5: Cómo evitar que la energía no deseada influya en ti como empático

Bienvenido a un nuevo nivel de comprensión de tu regalo. El viaje hasta ahora te ha mostrado gran parte de lo que significa ser un empático, algunos de los problemas y desventajas comunes de tener este don, los gloriosos beneficios que pueden resultar de involucrarte de forma saludable con tus habilidades y capacidades, y qué tipo de herramientas de sanación podrían ser útiles para mantenerte energéticamente limpio y conectado a tierra.

Este capítulo ofrecerá algunos ejemplos más prácticos de cómo puedes evitar que las energías no deseadas influyan en ti. Puede esto sea nuevo para ti, o que ya tengas una noción de cómo aplicar estas herramientas; De cualquier manera, aprender a disfrutar su experiencia de vida como empático sin dejar que otras energías lo influyan será de gran importancia en su viaje.

Una vez que comiences a practicar los métodos del capítulo anterior para mantenerte conectado a tierra y limpio, tendrás la capacidad de prepararte para lo que ocurrirá cuando te encuentres todas las energías de las que quieres protegerte. Comenzar conectándote a tierra es una excelente manera de empezar. Preparándote con una meditación de conexión a tierra para comenzar el día, mantendrás tu verdadera energía y vibrarás en niveles altos, haciendo que sea más difícil descomponer tu energía cuando tengas ciertos encuentros.

Sin embargo, siempre hay esos momentos intensos o personas que puede cambia tu energía y hacerte cuestionar o dudar de lo que piensas o sientes en ese momento. Practicar el uso de estas herramientas y métodos en dichos momentos puede ser muy útil y deberías emplearlos en cualquier manera que resulte viable para ti en esas situaciones.

Cuando otras personas son negativas: formas de protegerte

La negatividad nos rodea todos los días. La gente muestra sus emociones y van llevando sus preocupaciones consigo. Todos estamos luchando con algo en algún momento de nuestras vidas, y cuando nos sentimos agobiados por ello, puede resultar muy evidente a nivel energético. Muchas personas no se dan cuenta de lo negativos que están siendo porque es la forma en que viven durante la mayor parte de sus días, incapaces de transitar a través de los dolores emocionales o tragedias y manteniéndose en ese ciclo de pensamientos y emociones.

Los empáticos son especialmente sensibles a las personas negativas en sus vidas y son aún más susceptibles a recoger la negatividad que desprenden esos individuos. No son malas personas ni merecen ser rechazados por la calidad de su energía; con frecuencia, solo están pasando por un momento desafiante en el viaje de su vida, y todo lo que puedes hacer es sentir compasión por ellos.

Como un aspecto necesario, un empático tendrá que protegerse de la negatividad no deseada, incluso de amigos cercanos, familiares y seres queridos, y esto puede ser un reto, especialmente si quieres ayudar a que se sientan mejor. Antes de intentar hacer que una persona negativa se sienta mejor, debes protegerte. Puedes usar cristales y piedras que llevas contigo, o realizar afirmaciones o meditaciones simples para mantenerte conectado antes de entablar una conversación con dicha persona.

Resulta útil crear consciencia de esto previamente. Al reconocer que la otra persona está de mal humor, ya te estás protegiendo de su energía, sabiendo que aún puedes ser un amigo, pero que no necesariamente debes llevar su carga contigo.

No todos los encuentros con personas negativas son con aquellos que amamos. A veces se trata de un compañero de trabajo o un jefe que siempre parece estar de mal humor y no tienes más remedio que estar cerca de ellos en virtud de su relación profesional. Tener que estar cerca de alguien con esa actitud todos los días puede ser horrible para cualquiera, especialmente para los empáticos.

Cuando estás en la oficina, puedes mantenerte conectado a tierra mediante el uso de algunos de sus afirmaciones, la atención, la conciencia y las herramientas de meditación con el fin de prepararte para los encuentros que sabes van a suceder, como por ejemplo, asistir a una reunión o una consulta con la persona involucrada.

Puedes ser sorprendido con la guardia baja por un encuentro con ellos y sentirte débil o agotado por su energía en ese momento; esta sería una excelente oportunidad para practicar la atención plena y la autoconciencia. Incluso puedes repetir en tu mente una afirmación que utilizar para mantenerte conectado. Asimismo puedes crear una afirmación específicamente para esta persona con el fin de ayudar a sentirte capaz de llevar a cabo negocios con ellos afectado por su negatividad. (Ejemplo: Sé que Bill está bajo presión y su presión no me pertenece. Puedo explicarle mis necesidades a Bill sin preocuparme de cómo reaccionará porque siempre reacciona así y eso no es mi culpa ni mi preocupación).

Mantener cristales en el lugar de trabajo podría resultar incómodo para algunas personas pero puedes llevar uno en tu bolsillo y aferrarte a él cuando esta persona se te acerca o puedes utilizarlo como joyas, anillos, pulseras o collares.

Otro método que puedes utilizar es trabajar con imágenes creativas para ayudar a mantenerte protegido de la energía negativa. Puede que sepas que esa persona está pasando por un mal momento y quieres ser comprensivo pero eso no significa que no puedas protegerte de su energía emocional. Imagina que hay una delgada caída de agua como una cascada o una cortina de agua fluyendo entre sus cuerpos. A través del agua, aun puedes verlo y escucharlo pero hay un elemento poderoso allí para absorber y eliminar cualquier energía negativa que pudiera alcanzarte.

Ser bueno en este tipo de visualizaciones puede requerir de más práctica pero es una poderosa manera de protegerte. También puedes percibir un animal guardián que se para o se sienta frente a ti y que tomará toda la energía negativa y será tu protector. Puedes ver un león o un oso. También puedes visualizar a tu amado perro o incluso un dragón gigante si lo deseas. La imaginación no tiene límites, excepto los que le ponemos. Se creativo imaginando como sería tu animal guardián y llévalo contigo a la sala de conferencias.

A medida que comiences a practicar la protección energética utilizando las herramientas del capítulo anterior, puedes comenzar a trabajar con ellas de manera práctica. Una de las mejores formas de practicar el uso de estas herramientas es en esas circunstancias cuando la energía o las emociones negativas de otras personas parecen llenar toda la sala. Siempre ten compasión y comprensión, mientras te proteges, te equilibras y te conectas a tierra. La mayoría de las personas ni siquiera son conscientes que un empático está parado justo frente a ellos y que este siente lo mal que se siente. Es por ello que aprender a protegerte de la energía es tan importante e incluso puede ser creativo y divertido.

Conexión a tierra: antes y después

Ya has aprendido acerca de cómo y por qué conectarte a tierra así ¿cuándo debes hacerlo? Cada empático es diferente y tiene distintos niveles de habilidad en su viaje particular por lo que es difícil decir que sería lo mejor para cada experiencia individual o cuando hacer algo. En principio, una buena regla para un empático con una gran sensibilidad a las energías de otras personas, la mejor manera de mantener un buen equilibrio para ti es conectarse *antes* y *después de* una experiencia o encuentro.

Ciertamente dependerá de la calidad de la experiencia que tenga o del tipo de persona que tengas delante. Es posible que no necesites conectarte antes o después de cada encuentro. Sin embargo, siempre serás un poco susceptible a involucrarte y conectarte con el campo energético de alguien. Si estas comenzando a explorar tus dones y estás aprendiendo las mejores maneras de manejar la energía no deseada, toma un tiempo y espacio para conectarte a la tierra antes de entrar en una situación, especialmente si ya sabes que será una experiencia difícil o desafiante.

Es posible algunos de tus amigos cercanos tengan mucho drama en su vida. Cada vez que pasas el rato con ellos, después te sientes agotado debido a lo fuerte que puede ser su energía para ti. Prepararse con anticipación puede hacer que sea una experiencia más fácil para ti y también puedes llevar contigo los cristales protectores para brindarte una conexión a tierra y protección adicionales. Tus amigos ni siquiera necesitan saber que tienes una piedra de protección contigo: no se trata de su energía, se trata de la tuya.

Puede ser útil, a medida que te separas de ellos, crear un momento para conectarte creando consciencia de ti mismo en torno a tu energía. Aprovecha y aprecia cómo te sientes. Pregúntate si hay algo que debas hacer para limpiar tu energía después de salir con tus amigos. Puede ser tan simple como decir afirmaciones en tu automóvil o conducir al parque cercano para relajarte en el césped y conectarte con la energía de la Tierra. De cualquier forma que te guste conectarte, puedes llevarla contigo y utilizarla según sea necesario mientras transcurre el día, exploras y experimentas con tus relaciones.

También es útil tomarte un tiempo para conectarte diariamente. En vez de conectarte a tierra antes y después de una situación o encuentro, considéralo como conexión a tierra antes de comenzar el día y después de terminarlo. Incorporar algunas de las técnicas y herramientas que has aprendido en tu rutina de la mañana puede ayudarte a empezar el día equilibrado, lleno de energía, protegido y conectado a tierra. Al final del día, después de varias situaciones y encuentros, puedes realizar otra rutina para ayudar a realinearte con tu energía. Toma un baño de sal caliente y media para regresar a tus niveles normales de energía o siéntate en tu patio trasero con una taza de té o agua y disfruta conscientemente del final del día a medida que se convierte en noche.

Tienes el poder creativo para decidir cómo conectarte. Elegir cuándo hacerlo depende de ti y cuanto más lo hagas, mejor te sentirás. Prueba la regla Antes y Después para ayudarte a crear un poco de estabilidad y equilibrio en tu vida diaria.

Comunicar los límites

Esto puede parecer obvio, sin embargo, para muchos empáticos, ser honesto y directo sobre sus necesidades puede resultar desafiante por el deseo de hacer que otras personas se sientan felices y acogidas. Es posible que hayas tenido dificultades para establecer límites en sus relaciones en el pasado y esto ha influido negativamente en tu energía. La parte más difícil de establecer un límite es sentir la reacción de la otra persona, y para un empático, esto es lo que desea evitar: causar molestias en los demás para que no tenga que *sentirlo*.

Los empáticos tienen que aprender a comunicar sus propias necesidades para trabajar con su don de una manera saludable, evitando que la energía no deseada influya en ellos. Entonces, ¿cómo creas límites con las personas en tu vida, especialmente cuando ya les has demostrado que tienes tan pocos?

La respuesta a eso es única para ti y tu situación, pero aquí puedes aprender algunas pautas simples a seguir para ayudarte con una comunicación clara y veraz que te permitirá mostrar a los demás los límites que necesitas establecer en tu vida.

<u>*Comunicar los límites claramente: reglas y pautas simples:*</u>

1. **Sé directo.** Sé abierto a cualquier persona con la que hables, utilizando un lenguaje honesto y claro.

    Ej.: Esta bien que llegues tarde en algunas ocasiones pero no me parece bien que llegues tarde siempre.

2. **Usa palabras de sentimiento para expresarte.** Utilizar la palabra "siento "cuando hablas con alguien permite dar a entender que tienes emociones que necesitan ser valoradas y respetadas.

Ej.: Me siento incómodo contigo porque no escuchas nada de lo que digo y me cortas cuando estoy hablando. Me entristece que no quieras escuchar lo que tengo que decir.

3. **Estar dispuesto a asumir el compromiso.** A veces, cuando te comunicas claramente con una persona y te abres respecto a tus necesidades, esta persona comienza a compartir las necesidades que no comunicó anteriormente. Esto puede llevar a una conversación entre ustedes para ayudarlos a llegar a una forma más apropiada de pasar tiempo compartido.

Ej. :
Persona A: Cuando no respetas mi tiempo, me hace sentir rechazado.
Persona B: Siempre pareces no estar interesado en pasar tiempo conmigo y me siento dejado de lado.
Persona A: Te aclararé cuando pueda pasar tiempo y comunicarme contigo y cuando no pueda hacerlo
Persona B: Seré más consciente de tu tiempo personal y que puedes necesitar estas solo con más frecuencia

4. **Se honesto.** Puedes estar inclinado a proteger los sentimientos de otra persona a expensas de tu energía o sentimientos. A medida que pase el tiempo, esto puede impactar negativamente en tu energía. Elija afirmaciones que reflejen con honestidad como eres y qué requieres de las situaciones.
Ej.: Estoy cansado y hambriento y este no es un buen momento para hablar.

5. **Expresar interés en el punto de vista de una persona sin hacerlo tuyo.** Los empáticos son muy agradables, incluso cuando están en desacuerdo, y esto

puede causar problemas más adelante, especialmente cuando necesitan establecer un límite con una persona. Permitir que otros tengan un punto de vista mientras mantienen el tuyo es una buena manera de establecer límites.

Persona A: Bueno, creo que deberíamos ir a esta fiesta y ver si podemos divertirnos más esta noche.
Persona B: Estoy de acuerdo en que deberíamos divertirnos más esta noche, sin embargo, siento que necesito ir a casa y descansar, quiero divertirme en casa.

Los límites son esenciales para un empático y no se pueden crear límites sin una comunicación adecuada. El arte de la comunicación es una habilidad que todas las personas deben conocer y practicar, y en el caso de ser un empático, puede hacer una gran diferencia en la forma en que inviertes tu tiempo y energía. Los límites adecuados, incluso con las personas más cercanas a nosotros en nuestras vidas, son el camino para asegurarse de mantener una relación sana consigo mismo, su energía y otras personas y sus energías.

Puedes utilizar la comunicación de los límites como una herramienta para ayudarte a gestionar tu propia energía y la capacidad de mantenerte alejado de la energía no deseada de los demás. Es probable que debas enfrentar algunos momentos incómodos y decirles a las personas lo que no quieren escuchar, pero esto te ayudará a abrir tu relación con tu don como empático y a empoderarte como una persona con poder de decisión. Puedes optar por liberarte de situaciones incómodas con otras personas mediante una comunicación clara y estableciendo límites efectivos y conscientes.

Todos los conceptos y técnicas en este capítulo sirven como guía y herramientas para ayudar a prepararte ante situaciones en las que te sientes sometido a energía no deseada. Utilízalas según sea necesario y practícalas con frecuencia. No tienes que ser un empático para encontrar utilidad en estas herramientas, pero para el empático, son una excelente forma de ayudarse a mantener la conexión a tierra, protegerse y empoderarse de su propia energía

Capítulo 6: Espacio y tiempo de calidad

La energía es el quid de todas las sensibilidades y problemas que pueden surgir para los empáticos. Existe la energía alta y baja, así como las vibraciones positivas y negativas. Los empáticos que no entienden este concepto tendrán dificultades para correlacionar por qué se sienten de cierta manera cuando les gustaría sentirse de otra. Cuando examinas los conceptos asociados con el funcionamiento de tu energía y cómo siendo humanos estamos en un constante intercambio de energía con las cosas que nos rodean, podrás comenzar a comprender desde una perspectiva más profunda y amplia cómo funcionan las personas en el mundo y lo que genera nuestras tragedias y alegrías personales.

El empático experimenta el mundo que le rodea, leyendo o sintiendo las energías. Todas las personas hacen esto en cierto nivel, pero para los empáticos es una experiencia visceral y diaria que no pueden ignorar. La percepción de cómo la energía de otras personas podría estar influyendo en tu vida es una de las formas en que un empático puede abrirse a lo que otras personas están viviendo, y también puede consumir mucha energía.

Como has leído en los capítulos anteriores, existen diversas formas en las que puedes protegerte, anclarte a tierra y limpiar tu energía para sentir a plenitud tus propios deseos, necesidades, emociones y energía personal. Las herramientas que has leído son distintas formas de manejar una avalancha diaria de energía no deseada de personas o situaciones que no pueden evitarse debido a la necesidad de trabajar y vivir en el mundo.

Para muchos, la necesidad de soledad o tomarse un espacio tiene su propia forma de protección y rejuvenecimiento. Para el empático, esto es con frecuencia un componente vital y necesario de la vida y muchos empáticos buscan un tiempo tranquilo a solas, alejados de sus amigos, seres queridos, y compañeros de trabajo con el fin de sentirse renovados

En este camino de comprensión de tus dones y habilidades, es posible que te des cuenta de algunas de las formas en que te das este tiempo y espacio para reflexionar y reponerte. ¿Estás obteniendo el tiempo que necesitas para recargar tu energía? ¿Eres capaz de tener un lugar seguro o santuario en tu hogar para tomar tus pensamientos y estar solo? ¿Te sientes abrumado y agotado por demasiadas actividades y planes sociales? ¿Tus relaciones son incómodas a veces porque nunca puedes hacer nada solo?

Muchas dinámicas de relación son un desafío para los empáticos debido a su necesidad de espacio y tiempo. Hay lecciones que aprender en todas las relaciones y cuando trabajes con tus habilidades para sentir los sentimientos de otras personas, tendrás que aprender más sobre cómo algunas relaciones pueden necesitar menos tiempo de lo que piensas. ¿Dónde te sientes mejor en tus relaciones? ¿Te están dando lo que quieres, necesitas o mereces? ¿Hay personas en tu vida que siempre te hacen sentir diferente de lo que quieres sentir?

Si eres empático, vale la pena hacerte estas preguntas. En este capítulo, aprenderás más sobre la realidad de por qué necesitas más tiempo a solas que otras personas. Verás cómo la calidad del espacio y el tiempo que puedes ofrecerte tiene un impacto enormemente beneficioso en tu bienestar general y estado de ánimo. También descubrirás cómo puede funcionar para tus relaciones y cómo descubrir las formas más saludables de disfrutar relaciones compatibles y equilibradas mientras exploras y honras tus habilidades empáticas.

Por qué deberías limitar el tiempo con otras personas o grupos

A medida que has leído estas páginas, ¿has notado un punto en común? Los empáticos necesitan apartarse de la energía de otras personas. Ya sea a través del uso de herramientas para eliminar la energía no deseada que se siente "acumulada" luego de su tiempo juntos, o si estás definiendo límites respecto al tiempo que pasas con alguien, estos son algunos métodos para ayudar al empático a distanciarse de la energía que reciben de otras personas, grupos y lugares.

Ocurre un cambio significativo en los sentimientos cuando un empático entra en una habitación de personas que acaban de tener una gran discusión. Muchas personas pueden entrar a la misma habitación y sentir que algo está "extraño", mientras que otras no perciben nada en absoluto. Para un empático, la habitación está llena de incomodidad y una potente energía negativa. Al darte cuenta de cómo tu energía es tan fácilmente afectada por la energía no deseada de los demás, tendrás que tomar suficiente tiempo y el espacio de otras personas para poder experimentar tu propia conexión, claridad y balance energético con regularidad.

A medida que mejoras tus habilidades de protección y conexión a tierra, puedes prepararte mejor para esos momentos desafiantes cuando entras percibes la incomodidad que otras personas dejaron en una habitación, pero no siempre podrás protegerte por completo. Algunas energías son tan fuertes e incómodas que tendrás que manejar tus sensibilidades y conectarte a tierra.

Muchos empáticos luchan por mantener un equilibrio saludable a medida que se abren más a su realidad y a lo que hace que sus sentimientos y emociones cambien mientras están cerca de una persona, un grupo o incluso un entorno o espacio. La pregunta es: ¿qué puedes hacer para ayudarte a ser más positivo en tu energía?

Limitar el tiempo y el espacio con los demás puede parecer una trágica elección de vida. Después de todo, todos necesitamos de otras personas, queremos sentir amor y apoyo de nuestra comunidad y compañero y todos necesitamos establecer conexiones con todas las personas en nuestras vidas, sin importar cuán intensa pueda ser su energía para ti. Por otro lado, los empáticos encuentran mucho placer y paz en el tiempo y el espacio para estar a solas. La razón de esto es que pueden tener más control sobre la energía que sienten y la calidad de la energía en el entorno o el espacio en el que se encuentran.

Por ejemplo, en el lugar de trabajo, sentado en una oficina en un escritorio bajo luces fluorescentes durante 8 horas, 5 días a la semana, mirando la pantalla de una computadora y recibiendo llamadas telefónicas. La energía del lugar es un desafío para ti debido a la iluminación, las actividades en las que tienes que trabajar y a la energía de todas las personas en la oficina. Durante todo el día, trabajas duro para escudarte y protegerte de la calidad de la energía del trabajo; pero necesitas el trabajo ¿cierto?

Al final del día, algunos de tus compañeros de trabajo te invitan a tomar bebidas y aperitivos, para pasar más tiempo compartiendo y conversando del día del trabajo o hablando sobre el jefe. Esta es la última cosa que quisieras hacer. Los empáticos son significativamente más propensos a ir a donde pueden recargar sus baterías después de haber estado fuera de su zona de confort energético durante tanto tiempo. Para un empático, encontrar un santuario es mejor que cualquier cóctel post-trabajo en el bar local. Eso no quiere decir que los empáticos no disfruten pasar un buen rato; ¡lo hacen! Pero en este caso, después de pasar horas de la jornada laboral, absorbiendo la energía del grupo de personas en la oficina, lo más probable es que estés interesado en descansar y recuperar tu energía.

La mayoría de las veces, un empático se considera introvertido. La introversión es un rasgo de personalidad que describe a una persona que se inclina a entrar y enfocarse en sus pensamientos, sentimientos, etc. Lo opuesto a eso es la extroversión; personas que buscan estímulos externos y pasan menos tiempo de calidad en estados de ánimo o períodos reflexivos. Los introvertidos necesitan silencio y soledad para recargar sus baterías; los extrovertidos necesitan estimulación, actividad, los grupos y el contacto humano. El mundo está lleno de ambos y ciertamente puedes ser un empático extrovertido.

Sin embargo, los empáticos tienden hacia la introversión y como tal, con más frecuencia que los extrovertidos, buscan oportunidades para encontrar el lugar y las personas correctas en el momento adecuado para sentirse en equilibrio con su necesidad de estar solos y reflexionar.

Tomemos otro ejemplo: en tu casa, compartes espacio con otro compañero de cuarto que tiene mucha energía intensa y dramática. En general, te preocupas por tu compañero de cuarto y disfrutas de su compañía, pero tienes que encerrarte con frecuencia en tu propio espacio de la casa para poder conservar tu energía. Tu compañero de cuarto tiene muchas personas que van a pasar el rato en tu casa, incluso cuando esperas más serenidad y paz. Sabes que tienes que compartir el espacio, juntos y que no es justo que le pidas a tu compañero de cuarto que limite el número de invitados o la frecuencia de las fiestas o reuniones.

También debes compartir el espacio y dejar en claro que necesitas un tiempo más tranquilo para disfrutar de la relajación y que requieres un compromiso equilibrado de ambas partes para seguir siendo compañeros de cuarto. Su compañero de piso puede no entender por qué tu deseo particular de tener horarios o reglas en casa para las fiestas e invitados, pero es necesario para fijar un límite en la manera de compartir el espacio, aunque esto signifique que tienes que explicar que eres sensible a los ruidos fuertes y la energía de las personas y que es difícil para ti tener tantos invitados varias veces a la semana.

Los empáticos necesitan un espacio y tiempo en el que no tengan que preocuparse o pensar en otras energías. Las personas también son una experiencia muy estimulante para un empático, por lo que incluso si decides unirte a la fiesta que tu compañero de cuarto está organizando con unos pocos invitados, es posible que solo puedas sentarte cómodamente con todos por poco tiempo antes de tener que retirarte a tu habitación, a tu propio espacio. Este tipo de sentimiento y comportamiento no es poco frecuente para los empáticos y sabrás que esto es cierto si eres un empático.

El tiempo y espacio son necesarios para que te sientas descansado y energizado, y siempre está bien pedir estas cosas o dártelas. Una y otra vez, descubrirás que a medida que expandes tu conocimiento sobre tu verdadera naturaleza y cómo se siente realmente vivir como un empático, reconocerás el valor y la virtud de pasar tiempo solo y en un espacio que se siente bien para ti.

Los espacios son otra energía poderosa en general y pueden transportar o retener muchos sentimientos. Los empáticos notan después de que alguien sale de una habitación, que su energía estaba triste o deprimida. Los empáticos también pueden percibir cuando entran a la casa de alguien para una cena que la pareja que los invitó a cenar tuvo una pelea pero están actuando como si estuvieran perfectamente bien. La energía flota en el aire y un empático la capta fácilmente, como un detective que resuelve un misterio, basándose solo en sus sentidos.

Si vives solo en tu propia casa o apartamento, entonces tienes un buen control de la calidad de la energía en tu espacio y sabes cómo mantenerla de la manera que deseas. Digamos que invitas a un amigo que no has visto en mucho tiempo y que tienes que ponerte al día. Tu amigo tiene mucho drama de qué hablar y habla la mayor parte del tiempo mientras escuchas. Después que tu amigo se va, sientes que la energía de tu sala de estar ha cambiado y la notas más pesada. La energía de tu espacio es significativamente diferente debido a la energía de tu amigo. Ahora ese sería un buen momento para sacar tu incienso o palillo de mancha y limpiar la energía de la habitación.

Los empáticos descubrirán esto a medida que avanzan por la vida y toman más conciencia de perfeccionar sus habilidades para detectar la energía, teniendo mayor capacidad para notar cuando las cosas han cambiado o las energías se han "apagado" para realinearlas. En algunos lugares no podrás limpiar o equilibrar la energía ni será posible hacerlo siempre con las personas con las que te encuentres, pero puedes cambiar tu propia energía conectándose y despejándote. Darte la cantidad apropiada de espacio y tiempo y limitar los períodos que pasas con otras personas, es una herramienta esencial para el empático.

Limitar tu tiempo con los demás no es algo malo, especialmente si necesitas espacio para reflexionar y rejuvenecer. Gran parte de tu tiempo de calidad a solas es una manera de conectarte más con tu propia energía y autoconciencia. Es una experiencia vital para cualquier persona crear tiempo y espacio para estos momentos de reflexión y para el empático representan lo necesario para tener una vida saludable y equilibrada.

Tiempo y espacio para la reflexión y el rejuvenecimiento.

Los empáticos necesitan mucho tiempo a solas, como leíste en la última sección. Lo necesitas para proteger mejor tu energía de la energía no deseada de los demás y para establecer y equilibrar todo su ser a fin de prosperar y experimentar la vida que se sienta mejor para ti. Brindarte un espacio de calidad y tiempo para reflexionar es una necesidad esencial para los empáticos y el rejuvenecimiento y la recarga que se deriva de estos momentos te beneficiarán enormemente.

La conexión con tu propia energía es la mejor manera de crear armonía en tu vida y con tantas otras energías a tu alrededor, puede que no siempre sea fácil o incluso se haga imposible. Por ello, con frecuencia debes crear el espacio y el tiempo para ti y cuando lo hagas será necesario que descanses y repongas tu energía.

Los empáticos buscan refugio de las energías no deseadas que permanecen a su alrededor o se conectan a ellos por períodos de tiempo más largos de lo necesario o deseado. Por supuesto, se pueden dar excepciones especiales, para los empáticos que eligen trabajar en campos profesionales donde su labor consiste en ayudar a otras personas con sus necesidades, pero todos los empáticos se beneficiarán de un merecido tiempo de reflexión y rejuvenecimiento.

En América no hay ningún médico que te diagnostique como empático y te recete descanso y relajación. Cualquier terapeuta que consultes probablemente comprenderá la posible causa de tu agotamiento energético y podría indicarte que eres empático pero es posible que no comprenda qué herramientas puedes utilizar o qué te beneficiará más en tu camino.

Teniendo en cuenta la cantidad de tiempo que todos debemos pasar en nuestros trabajos y en el mundo cumpliendo los deberes y ocupándonos de los asuntos de la vida, es lógico que nos permitamos la misma cantidad de tiempo para reflexionar y rejuvenecer. Lamentablemente, este no suele ser el caso. Nuestra cultura se preocupa muy poco del bienestar personal y pone más atención en rendimiento, la riqueza, y la propiedad. La posibilidad de declarar y efectivamente tomar tiempos específicos para reflexionar y recargar las energías es menos probable que ocurra en una sociedad que tiene tales demandas y, por lo tanto, todas las personas conscientes de su necesidad deben crear una oportunidad para ello.

La mejor manera para que un empático se conecte con sus propias necesidades y energía es planificar y programar esos espacios para la paz y la recuperación. Puede parecerte tonto si no lo has considerado antes, o si no has reconocido sus habilidades empáticas hasta ahora, sin embargo, la planificación y la programación del espacio y el tiempo para la reflexión y el rejuvenecimiento te ayudarán a tener una vida más saludable y significativa.

Ahora, sabiendo lo desafiante y difícil que resulta ser empático cuando no cuidas tu energía, puedes ver lo valioso e importante que es realmente pasar tiempo solo y ofrecerte tiempo de calidad para descansar y recupera tu energía. Las posibilidades de tomar este tiempo son infinitas y la siguiente lista es un ejemplo de las formas en que un empático podría disfrutar al planificar el tiempo de reflexión y rejuvenecimiento.

- Meditación tranquila: encontrar un lugar tranquilo donde no te molesten, dedicando una hora o más a reflexionar a través de la práctica de la meditación.

- Definir horas: elige unas horas en la mañana o en la noche en las que no contestarás correos electrónicos o llamadas telefónicas

- Día de spa: si no deseas ir a un spa que estará lleno de otras personas, puedes disfrutar de un día de spa en casa con productos especiales que disfrutes y mucho tiempo para sentirte exclusivo y relajado.

- Caminar por la naturaleza: pasar tiempo en la naturaleza es bueno para el alma. Te brinda tiempo para reflexionar y conectarte en silencio con la energía de la Tierra, que naturalmente rejuvenece tu energía.

- Recibir Reiki, Acupuntura, Masajes u otros tratamientos corporales: tomarse el tiempo para programar servicios de relajación y curación es una excelente manera de refrescar y reequilibrar su energía. El contacto físico relajante también es importante para un empático, que puede necesitar limitar algo de su tiempo con otras personas. Estar con un terapeuta de sanación que te ofrece sus servicios a través de una variedad de formatos es experiencia tranquila, pacífica y suave que te ayudará a alinearte plenamente con tu energía clara y limpia.

- Pasar tiempo en tu apartamento u hogar sin tecnología: sorprendentemente, esto es realmente difícil para las personas, pero Internet y el uso excesivo de la tecnología pueden tener un fuerte impacto en tu energía en general. En ese momento, puede parecer algo bueno revisar redes sociales y mirar la vida de todos. En el caso de los empáticos, se están desplazando a través de una gran cantidad de energía que no necesitan recoger ni llevar consigo. Tomarse un tiempo lejos de la tecnología puede tener un gran beneficio, especialmente en esos momentos en que necesitas relajarte y rejuvenecer. Date unas horas sin teléfono celular ni internet para simplemente "ser".

- Programa un viaje rápido o una escapada a un lugar remoto: busca lugares que te hagan sentir enraizado y completo los cuales puedes visitar para tomar tiempo y espacio para la reflexión. Puedes preferir las montañas o el desierto; Es posible que conozcas un excelente campamento o un tranquilo retiro de spa que puedes visitar. Aparta un espacio y tiempo en el calendario para ir a los lugares te ayuden a concentrarte en tu necesidad de reponer y restaurar tu energía, esto le dará más sentido a la experiencia y más respeto a la necesidad de tener estos momentos para ti mismo. Puedes disfrutarlo con un compañero, o solo, pero de cualquier manera, pasar tiempo en unas vacaciones orientadas a la reflexión es una manera perfecta de refrescarse.

- Asiste a un taller o retiro de meditación: ir a un retiro de meditación puede ponerte en contacto más profundo con tus necesidades y deseos. Muchas de las personas que asisten a estos retiros buscan calma y experiencias reflexivas y tranquilas, así que no tendrás que preocuparte por compartir tu experiencia con otros. Tener un algo de comunidad durante tu tiempo de reflexión tranquila puede sentirse como un apoyo y energéticamente puro y ligero. Muchos retiros ofrecen alojamiento y pueden ayudar a conectarte más estrechamente con tu yo superior y trabajar como empático.

Esta lista es una forma de comenzar a encontrar formas creativas de darte espacio y tiempo. Puede que le gusten todas o ninguna de estas opciones y depende de ti encontrar la forma en que prefieres pasar tiempo en tu propio mundo de energía con tus propios pensamientos y experiencias reflexivas. Tener estos momentos a diario puede ser muy beneficioso porque a medida que reflexionas y tomas espacio para abrirte y despertar algo dentro de ti, puede que debas tomar nota en el papel de muchas cosas, como una forma de liberar esos pensamientos, ideas y los recuerdos de tu energía.

Juega con cómo te gusta pasar tu tiempo relajándote y refrescándote. Intenta abrir tu mundo de empatía con ideas que resuenen más profundamente con tus verdaderos deseos y expectativas. ¡Acepta que necesita disfrutar de estos tiempos de manera pacífica y sin distorsiones de los demás y tómalo en cuenta! Mereces disfrutar el espacio y el tiempo para la reflexión y el rejuvenecimiento.

Las relaciones y los empáticos

Una de las realidades más importantes para cualquier persona es la relación que tiene con alguien o un grupo. La gente necesita la gente y todos buscamos amor, compañerismo, conexión y camaradería. La vida de un empático es de gran sensibilidad y apertura energética y requiere mucha protección y conexión a tierra, pero eso no significa que no pueda prosperar o tener relaciones increíblemente saludables y enriquecedoras.

Varias personas pueden ser advertidas contra ciertos tipos de relaciones o personas debido a lo tóxicos o desafiantes que resultan. Para un empático, eso puede ser cierto para cualquier relación si no está protegiendo y reponiendo adecuadamente su energía. A menudo, los empáticos se involucraran con personas necesitadas, que buscan atención y que desean una pareja que pueda satisfacer más sus necesidades internas. Para cualquier persona, es imposible ofrecer lo que no pueden verdaderamente darse a sí mismos en forma de amor propio, y en el caso de un empático, ciertamente trabajará sin descanso para ayudar a otro a sentirse verdaderamente deseado y apreciado, incluso cuando esa persona no se sienta así consigo mismo.

Las relaciones personales son lugares increíbles para aprender más acerca de las cualidades de tu don y cómo fortalecerlo. Todas nuestras relaciones nos ayudan a crecer y alcanzar un sentido más profundo de conocimiento personal de nosotros mismos. Los empáticos trabajan duro para ayudar y sanar a los demás, por lo que puede ser un desafío encontrar el equilibrio correcto entre el amor y los límites.

Aquí hay algunos problemas comunes que pueden surgir para un empático en una relación romántica:

- *Codependencia:* por lo general, el empático es la parte que brinda el mayor apoyo a la otra persona, lo que lleva a un desequilibrio significativo y una excesiva dependencia emocional y psicológica del empático. Esto puede ser muy tóxico energéticamente para ti y puede hacerte sentir agotado sin comprender realmente por qué. Comúnmente la codependencia puede involucrar el que la pareja tenga una adicción a algo o que tenga una afección o enfermedad que requiera atención adicional de alguien. Un narcisista y un empático a menudo también se involucrarán en comportamientos codependientes.

- *Renunciar al control*: los empáticos siempre están trabajando hacia la paz y la armonía , por lo que, en muchas relaciones, pueden ser el "colchón" para que la otra persona pueda salirse con la suya y tomar todas las decisiones importantes, incluso cuando no sean una buena opción , solo para mantener la paz.

- *Pérdida de sí mismo:* los empáticos quieren ayudar a su pareja a sentirse especial e importante y tener todo el éxito que desean y merecen. Los empáticos trabajarán incansablemente para apoyar los sueños y las pasiones de su pareja a expensas de los suyos, perdiendo su propio propósito y verdad en ello. Esto puede hacer que tengas muy poca energía y que como empático, comiences a sentir que mereces ser menos que la persona que amas.

- Estas pueden ser situaciones en las que se cae con facilidad y nunca se sienten así cuando te enamoras de alguien por primera vez. Con el tiempo, a medida que te conectas más, este tipo de dinámicas en las relaciones pueden comenzar a manifestarse y depende de ti y tu pareja responder a ellas y encontrar una solución.

El romance es una gran parte de ser humano, y como empático, siempre te atraen ciertos tipos de energía que te hacen sentir bien. Cuando se sienten mal o te hacen sentir incómodo, es poco probable que te comprometas con esa persona. Cuando conoces a alguien y las chispas vuelan, tienes la oportunidad de sentir la energía del amor y la conexión que te ayuda a sentir una fuerte compatibilidad con otro y trabajas para mantener ese sentimiento todo el tiempo que puedas.

Poco a poco, con el tiempo, las cosas cambian; las personas crecen y cambian, o comienzas a ver sus verdaderos colores una vez que se sienten lo suficientemente cómodos como para mostrarlos. Todos tenemos algo que no queremos mostrar en la primera, segunda o incluso la cita número 100 con alguien, pero siempre está ahí y no se puede ocultar a un empático. Siempre sentirás si algo está un poco desviado o sesgado, y cuando trabajes con tu pareja para determinar la causa energética, puede ponerse a la defensiva y distante.

Los empáticos pueden tener unos momentos desafiantes en las relaciones debido a estos factores. Ser capaz de "ver" y sentir la energía de otra persona puede ser una experiencia difícil para ti porque es posible que su pareja no quiera hablar contigo sobre lo su vulnerabilidad. Como puedes percibir y sentir su vulnerabilidad o cualquier otra emoción todo el tiempo, siempre querrás exponerlo y resolverlo. Esto lleva a un avance y retroceso constante entre los empáticos y su pareja mientras reflexionan románticamente sobre cómo resolver.

Como empático, puedes aprender de tus relaciones románticas a procesar tus propios sentimientos contigo mismo y proteger tu propia energía para que puedas manejar estos momentos, permanecer firme y seguro en tu propia energía sin asumir la energía o el estado emocional de tu pareja. Aun puedes ser amoroso y compasivo con alguien sin realmente "sentir" su dolor, pero para los empáticos, es un verdadero desafío y requiere esfuerzo y disciplina personal.

Los lazos de amor son fuertes, y si al leer este libro descubres que eres empático, puedes estar cuestionando la dinámica de tu relación en este momento y si te encuentras o no en una buena situación. Está bien hacerse estas preguntas también dejar ir un vínculo de amor que no es saludable para tu calidad de vida.

Pasar tiempo con otras personas que tienen una comprensión y un carácter tranquilo, o que están dispuestos a crecer, reflejar y aprender de tu experiencia emocional puede ser un soplo de aire fresco a un empático. Es posible que no desees estar con alguien que sea como tú y que tenga su propio conjunto de desafíos únicos. Para los empáticos, trabajar en sus relaciones significa concienciar y comprender sus sentimientos y que los sentimientos de cualquier persona, especialmente sus parejas románticas, lo afectan fácilmente.

Tendrás que aprender que el blindaje, el equilibrio, la puesta a tierra y la limpieza son una parte necesaria de tus romances y que tendrás que encontrar una manera de darle soporte a tu experiencia de amor a la vez que te apoyas realmente a ti mismo.

Hay otras relaciones que tienen desafíos únicos para los empáticos, y son familiares, platónicas y profesionales. Echa un vistazo a la lista a continuación para ver cómo algunas de estas relaciones pueden afectar a los empáticos.

Familia
- Dinámicas familiares que obligan a un empático a jugar un cierto papel para hacer felices a los demás antes de su propia felicidad.

- Obligaciones con los padres para proteger sus sentimientos, incluso cuando están dificultando que te expreses y expreses tu verdadera energía.

- Negación de los padres o cuidadores de que eres un empático sugiriendo que eres demasiado sensible o que tienes una afección o trastorno de salud mental que requeriría terapia o tratamiento especial.

- Trauma infantil como resultado de recolectar y absorber la energía, el dolor o el sufrimiento de toda tu familia

- Sensibilidad a todas las necesidades de tus propios hijos que puede ser muy beneficiosa para ellos y para ti como padre.

Amigos
- Relaciones desequilibradas con amigos cuando tú eres el que siempre escucha y ellos son los que siempre hablan

- Dificultad para conectarse o relacionarse con cualquier persona en tu grupo de amigos que no entienda tu sensibilidad, causando conflictos cuando tienes ciertas necesidades o requerimientos.

- Amistades dramáticas que resultan en actitudes y personalidades enfrentadas cuando no quieres renunciar a tus límites o necesitas tu propio espacio y tiempo

- Potenciar las relaciones que te ayudan a mantener el espacio para las necesidades de un amigo en todo momento debido a tu capacidad de responder bien a su energía.

Compañeros de trabajo
- Preocupaciones por ser competitivo con tus colegas o dejar que otros avancen en sus posiciones, porque son más agresivos con respecto a ser promovidos, o porque no quieres que se sientan infelices

- Ser excluido o rechazado porque te gusta pasar tiempo tranquilo solo después del trabajo o en los descansos, por lo tanto , sentirse excluido por el grupo

- Paciencia y comprensión con las personas en la oficina mientras trabajan.

- Habilidades de gestión efectivas debido a la capacidad de ver lo que las personas necesitan o sentir cómo se sienten respecto al trabajo.

Ciertamente, estas no son todas las formas en que este tipo de relaciones pueden manifestarse, pero la lista muestra algunos conceptos para presentar ideas aplicables a cualquiera, pero específicamente son relevantes para un empático.

Las relaciones dramáticas que se desarrollan en la infancia y en la edad adulta varían ampliamente y se mezclan con el amor, la felicidad y la alegría de ser una familia. Si eres una persona que adquiere habilidades empáticas a una edad temprana, es posible que la infancia te resulte muy difícil. Tus padres pueden verte como demasiado sensible y no saber por qué o cómo responder a estas cuestiones. Puedes ser diagnosticado erróneamente con un trastorno conductual o emocional y ser un empático no pertenece a ninguna de esas categorías.

En la infancia, también puedes elegir inconscientemente desempeñar un cierto papel para su familia, generalmente como "pacificador" o "hacedor" para ayudar a establecer una dinámica familiar equilibrada, alejándote de tu verdadera energía y ser, forzando una identidad que mantendrás en tu vida adulta.

También puedes descubrir que, como adulto y padre, tus relaciones familiares prosperan debido a lo fácil que resulta determinar qué necesita o siente su hijo y cómo puede nutrirlo. La mejor manera de aprovechar esa experiencia para proteger, afianzar y proteger continuamente su energía para que no se agote después de un día de berrinches infantiles y rodillas desolladas.

La amistad puede ser difícil si no has aprendido cómo protegerte y proteger tu energía. Algunas de tus amistades pueden ser más tóxicas de lo que crees y, a medida que te das espacio para encontrar conciencia como un empático, puedes notar que algunas de tus amistades no son buenas para ti y en realidad te están causando dolor o drama.

Al igual que con todos los empáticos, cualquier relación puede tener sus problemas y así como en un romance, las amistades también pueden experimentar la codependencia, aferrándose a tu capacidad de brindar un hombro para llorar o un oído para escuchar. Es fácil confiar en los empáticos, y para un amigo que lleva una vida de drama, los empáticos serían sus mejores amigos porque siempre permitirán su drama y lo escucharán con el corazón y la mente abiertos. Para los empáticos, esta es una relación increíblemente exigente y desequilibrada que necesita mejores límites y bases.

Otras situaciones con amigos pueden ser increíblemente gratificantes, especialmente porque puedes ofrecer un buen consejo y una comprensión profunda de lo que alguien está pasando o celebrando. Mientras la conexión sea equilibrada y recibas tanto amor y cuidado como el que das, la amistad será gratificante para los empáticos y también puede ser gratificante para el amigo a quien escuchas con igual fervor y disposición.

Para muchas personas, no solo para empáticos, la oficina es un paisaje lleno de pequeños volcanes de drama que pueden estallar semanalmente e incluso diariamente. Hay una variedad de personalidades, expectativas, objetivos, demandas y plazos que crean una realidad intensamente dinámica. Las relaciones de trabajo son preferiblemente profesionales, pero a veces, van más allá de esas paredes.

Cualquiera que tenga un trabajo con compañeros de trabajo sabe que puede ser un desafío como grupo o en una dinámica individual porque todos tienen sus propias metas profesionales y personales que desean lograr. Un empático será muy atento a las energías, pensamientos y expresiones de sus compañeros a lo largo del día de trabajo y puede sentir que necesita cambiar su propia energía o decisiones relacionadas con el trabajo con el fin de dar cabida a otros colegas, jefes, o todo el equipo.

Por otro lado, los empáticos son excelentes gerentes porque pueden ver las necesidades del equipo o de un individuo desde un punto de vista diferente y trabajar para comprender un poco mejor todas las situaciones. Puede ser muy exigente y desafiante para un empático administrar múltiples personalidades todo el día, toda la semana, y puede requerir un nivel adicional de conexión a tierra y limpieza al comienzo y al final del día, sin embargo, puede ser muy gratificante trabajar estrechamente con personas en sus relaciones laborales para ayudar a todos a prosperar, siempre y cuando ya esté trabajando sus propias ambiciones profesionales.

La idea principal de todo esto es que las relaciones, ya sean románticas, familiares, platónicas o profesionales, son una parte importante de nuestras experiencias de vida. Los empáticos sienten todas estas relaciones de una manera diferente. A medida que decidas cómo ayudarte a crecer como empático, deberás observar de cerca todas tus relaciones cercanas y determinar qué energía estás experimentando dentro de ellas

Algunas de sus relaciones pueden sentirse equilibradas y saludables, mientras que otras pueden comenzar a sentirse más tóxicas y desequilibradas energéticamente. El uso de las herramientas y directrices de este libro para ayuda a conectarte, y despejar tu energía te ayudará a trabajar dentro de la dinámica de su relación de una manera más saludable. Comenzarás a notar un cambio en tu propia energía y puedes buscar mejorar ciertas relaciones mientras dejas otras de lado.

Cuando estés listo para vivir tu vida abrazando tu regalo, comprenderás que la mejor manera de prosperar como empático es a través de la conciencia de lo que significa vivir con esta habilidad y lo que tendrás que hacer para mantenerte equilibrado, con tu propia energía elevada, libre de la energía de otras personas, y libre de ser tú mismo en cualquier relación que estés explorando.

Capítulo 7: Cómo evitar el agotamiento empático

Tomarse el tiempo para practicar los límites saludables, la conexión a tierra, las técnicas de limpieza y los distintos tipos de meditación son una oportunidad para tener un mejor balance en tu energía mientras vives como empático. Hay varias maneras de conectarte contigo mismo y ayudarle a alinear tu propio conocimiento interno y limpiar tu existencia energética, pero para algunos esto puede parecer imposible.

Si estás llevando una vida como empático que constantemente te pone en la situación de recoger y absorber la energía no deseada, puedes encontrarte en consecuencia en un estado de un agotamiento empático, exhausto, abrumado e incapaz de reconectarte y estabilizarte.

Preguntándote lo que significa las personas y las experiencias en tu vida, es una manera de empezar a prepararte para evitar o prevenir las mencionadas situaciones y en este capítulo te daremos más detalles para ayudarte a alcanzar y mantener un equilibrio energético saludable.

Pautas para mantener el equilibrio y la estabilidad

Como resumen de este libro, las siguientes pautas son una referencia rápida y un recurso para mantenerte equilibrado y estable mientras trabajas y vives como empático:

1. Practica la autoconciencia y la atención plena a diario.

2. Crea tiempo para meditaciones.

3. Elimina la energía no deseada tantas veces como sea necesario con herramientas de curación espiritual.

4. Practica técnicas de conexión a tierra diariamente.

5. Ofrece una comunicación clara y establece los límites necesarios con las personas y las experiencias en tu vida.

6. Programa tiempo a solas contigo mismo.

7. Practica la auto reflexión para identificar problemas y dificultades en tus emociones o energía.

8. Sigue una rutina para ayudar a mantenerte protegido y equilibrado, incluido el uso de herramientas de curación espiritual, meditaciones y diversas terapias para promover la estabilidad.

9. Protégete y conéctate a tierra con la regla general de *Antes y Después*.

10. Limita el tiempo con personas o grupos que causen un gran cambio en tu energía y sentimientos.

11. Se práctico con tu energía y con lo que piensas hacer; conoce la situación antes de entrar en ella para protegerte mejor.

12. Valora tu don como empático para que no dudes de tus habilidades ante la falta de respeto de los demás.

13. Busca relaciones y alianzas saludables en lugar de forzarlas ya que esto causa dificultad emocional y falta de autonomía energética.

14. Toma tiempo para despejar y limpiar tu hogar y tu cuerpo con incienso, palillos de mancha y buenas intenciones energéticas.

15. Crea conciencia para ti y para los demás sobre lo que necesitas, en lugar de solo atender las necesidades de los demás.

Deja que estas pautas te sirvan para refrescarte y mantener el equilibrio y la estabilidad. Es posible que no necesites usar todo esto frecuentemente, y algunas puedes usarlas todos los días; son excelentes maneras de apoyar tu viaje y mantenerte alineado con tus necesidades.

Aplicaciones para ayudarte en momentos de estrés o agotamiento

En esta sección, encontrarás algunos pasos sencillos para aplicar a situaciones que sientas agotan tu energía o te estresan. Practícalas para ayudarte a lograr una mayor estabilidad y disfrute de los resultados de sentirse conectado incluso en los momentos más estresantes.

Meditación de afirmación

Cierra tus ojos. Inhala y exhala profundamente. Lleva tu atención a tus pies. Siente una luz brillante y dorada que viene del piso a través de tus pies. Deja que la luz llene todo tu cuerpo mientras inhalas y exhalas profundamente.

En tu cabeza o en voz alta, entona las siguientes afirmaciones:
- Me siento cómodo en mi energía, y estoy conectado a tierra.

- La luz dorada dentro de mí repele la energía negativa y me protege.

- Puedo apreciar la energía a mí alrededor y no absorberla en mí.

- Estoy alineado solo con mi propia energía.

- Tengo el poder de rechazar la energía de otra persona.

- Estoy abierto a otras personas y protegido por mi luz dorada interior.

NOTA: Puedes cambiar el color de la luz si hay otro con el que te identifiques. También puedes hacer esta meditación de afirmación con los ojos abiertos, apreciando y visualizando claramente la luz mientras respiras e imaginas que fluye a través de ti. Esto puede ser útil en una fiesta de la oficina o en una conferencia. Considéralo como una buena herramienta para tu caja de herramientas y sácala cada vez que sientas la necesidad de armonía y equilibrio energético.

Baño ritual para momentos de estrés y agotamiento

1. Encuentra un momento en el que no te molesten los demás. Pon tu celular en silencio.

2. Prepara un baño caliente y agrega sal de Epsom.

3. Enciende velas para llevar la energía limpiadora del fuego al baño.

4. Antes de entrar en el baño, utiliza tu palillo de mancha(salvia u otra hierba) para esparcir el humo alrededor de tu cuerpo, limpiando tus auras

5. Métete en la bañera y acuéstate cómodamente, sumergiendo la mayor parte de tu cuerpo como puedas.

6. Mantente allí durante al menos 20 minutos y hasta 1 hora.

7. Utiliza la visualización creativa para imaginarte la energía no deseada que se limpia de ti. Obsérvate a ti mismo

alejándote de cualquier cosa que sientas que te atrapa y déjala caer en el agua.

8. Sal del baño y limpia de nuevo tus auras

9. Sécate y acuéstate en tu cama.

10. Medita durante 15 minutos e imagina tus chakras girando en el sentido de las agujas del reloj, estando limpios y abiertos.

Paseo por la naturaleza

Encuentre un paisaje sereno y aislado por el que puedas caminar tranquila y silenciosamente; Puede ser un parque en su vecindario, o puede que tengas que conducir un poco para encontrar una reserva natural o un bosque. Asegúrate de llevar un poco de agua para tomar y un refrigerio de tu elección.

Camina por el entorno natural y disfruta de la energía del paisaje que te rodea. No busques tu teléfono para tomar fotos o enviar mensajes de texto a su familia del lugar donde te encuentras; solo aprecia la energía del bosque, los árboles, el río, los animales.

Disfruta de la tranquilidad y el consuelo en la naturaleza por tan poco como una hora o más. Date espacio para disfrutar de un área donde no hay mucha gente. Trata de encontrar un lugar con una caída de agua, como un río o cascada. Disfruta los sonidos del agua que fluye.

Medita en tu energía y siente el agua, los árboles, o cualquier otro paisaje que elijas, lavando y eliminando tus preocupaciones. Deja que la Tierra sepa que te sientes estresado y que pídele que tome esta energía de ti y se la lleve. Deja que la naturaleza tome tu estrés y agotamiento y lo transforme en nueva energía para ser absorbida por el paisaje.

Practica caminar y hablar en la naturaleza tan a menudo como cada semana si eres propenso al estrés y al agotamiento.

Puedes usar estas aplicaciones en cualquier momento que lo consideres necesario. Crea conciencia e involúcrate más con tu energía y tus propias necesidades a la hora de refrescarte. Cuanto más aplicas estas meditaciones, afirmaciones y otras herramientas de sanación espiritual, menos te sentirás débil y agotado y transformarás esta energía para que sea absorbida en el paisaje.

¡Sé creativo y juega! Hay tantas maneras de cuidarse bien a ti mismo y tu energía y estas aplicaciones y pautas son solo el comienzo de cómo puedes vivir bien y felizmente como un empático.

Conclusión

Ser empático es una manera de percibir, ver y sentir más del mundo que te rodea. Puede ser incómodo para ti si no sabes cómo usar tu regalo o a llevarlo correctamente. Depende de ti cómo respondas a ese llamado y puedes decidir las mejores maneras de explorar tu poderoso don como alguien abierto a más de lo que parece.

En este libro, has descubierto lo que es un empático y lo que se siente ser alguien con estas cualidades. Se ha demostrado que muchos de los problemas comunes y realidades de un empático que no están en una energía sana y equilibrio y que necesitan para pasar más tiempo cuidando de tu energía, tanto o más de lo que se preocupan por los demás. Has descubierto los dones de ser un empático y también el tipo de trabajo de curación que puedes hacer con tu don.

Echando un vistazo a todas tus habilidades, ahora puedes utilizar los capítulos que describen cómo guardar, proteger, equilibrar, conectarte a tierra y despejar tu energía. Existen varias técnicas para ti en este libro que te ayudarán a lograr la armonía contigo mismo mientras mantienes la armonía con los demás.

Tómate el tiempo para despejar tu energía utilizando las herramientas de sanación espirituales, meditaciones, afirmaciones, aplicaciones y directrices de este libro. ¡Ábrete al poder de tus dones y habilidades cuidando bien tu energía y encontrando la libertad de vivir una vida feliz y plena como un empático! Estás en el camino correcto, y tu viaje hacia el descubrimiento continúa ahora con cada paso que das.

Inteligencia emocional – Control sobre tu vida

Guía práctica de autodesarrollo para el éxito en los negocios y en su vida personal: Mejore sus habilidades sociales con PNL, EQ, Construcción de Relaciones, CBT & Autodisciplina.

Por Marcos Romero

Tabla de contenido

Inteligencia emocional – El dominio de tu vida
Tabla de contenidos
Introducción
Capítulo 1: Comprendiendo la inteligencia emocional
    Inteligencia emocional versus cociente de inteligencia
    Inteligencia emocional versus inteligencia social
    La inteligencia emocional en la psicología
    Una breve historia de la inteligencia emocional
    Otras investigaciones y estudios sobre la inteligencia emocional
    Marco de trabajo de la inteligencia emocional
    Inteligencia emocional alta y baja
    ¿Por qué el desarrollo de la inteligencia emocional es crucial?
    Gestión de la autoestima y de las relaciones
    La inteligencia emocional en el lugar de trabajo
    La inteligencia emocional y las relaciones
Capítulo 2: La aplicación de la inteligencia emocional
    Manejo de los impulsos
    Manejar las dificultades y los contratiempos
    Manejar el estrés y la ansiedad
    En el lugar de trabajo
    Habilidades para sobrellevar el trauma
    Habilidades para sobrellevar las reacciones
Capítulo 3: Reconocer las emociones
    Envidia
    Preocupación o nerviosismo
    Enojo e Irritación
    Aversión
    Decepción o infelicidad
Capítulo 4: Mejorando la inteligencia emocional
    La inteligencia emocional en las relaciones
    Lenguaje corporal

    Escucha activa
    Técnicas de atención y relajación
Capítulo 5: Inteligencia emocional y liderazgo
    Buen liderazgo
    Adaptación
    Liderazgo y rendimiento
    Los seis estilos de liderazgo
    ¿Cómo mejorar?
    Los cinco componentes de la inteligencia emocional en el liderazgo
    Habilidades sociales
Conclusión

Introducción

Si estaba buscando un libro sobre inteligencia emocional que sea altamente práctico y ofrezca una guía para el éxito en los negocios y la vida personal, este es el libro correcto. El libro profundiza en las habilidades sociales, el cociente emocional, la construcción de relaciones, la autodisciplina y la terapia cognitivo-conductual utilizando un lenguaje simple de entender. Utilizando ejemplos fáciles y relacionables, el autor introduce lo que constituye la inteligencia emocional, por qué difiere del cociente inteligente y ofrece formas de mejorar las habilidades sociales en el trabajo y el hogar utilizando la inteligencia emocional. Por esta razón, este libro es tanto un manual como una discusión sobre la inteligencia emocional aplicable para principiantes y personas experimentadas.

En subtemas uniformemente espaciados, el autor guía al lector sobre cómo aplicar la inteligencia emocional para manejar los impulsos, maniobrar a través de los reveses y lidiando con el estrés y la ansiedad. El libro guía al lector a través de la aplicación de inteligencia emocional en el lugar de trabajo, el manejo del trauma y el manejo de las reacciones. El lector es llevado a través de las distintas formas de reconocer las emociones, especialmente las emociones comunes y negativas en el lugar de trabajo. Algunas de las emociones comunes y negativas exploradas son la ira, el nerviosismo, la infelicidad y la aversión. La inteligencia emocional también se aplica en las relaciones y en el liderazgo; de la misma forma, el lector está expuesto a cómo la inteligencia emocional afecta el liderazgo y las relaciones, así como a mejorar la inteligencia emocional.

Capítulo 1: Comprendiendo la inteligencia emocional

Inteligencia emocional versus cociente de inteligencia

La capacidad individual para evaluar, identificar, manejar y expresar emociones se conoce como inteligencia emocional. Las personas con una alta inteligencia emocional son propensas a convertirse en líderes y jugadores de equipo eficientes, ya que poseen la capacidad de empatizar, comprender y vincularse con las personas que les rodean. Por otra parte, el cociente inteligente evalúa las capacidades académicas e identifica a las personas con desafíos mentales o a las personas con capacidades excepcionales. En el lugar de trabajo, la inteligencia emocional es un indicador de éxito ampliamente aceptado para ayudar a reconocer a los buenos jugadores de equipo, líderes y trabajadores independientes.

En detalle, el coeficiente intelectual captura habilidades tales como el razonamiento fluido, el conocimiento del mundo, el procesamiento espacial y visual, el razonamiento cuantitativo, la memoria de trabajo y la memoria a corto plazo. Por otra parte, la inteligencia emocional captura la forma de relacionarse con los demás identificando emociones, evaluando cómo se sienten los demás, manejando las emociones individuales y percibiendo cómo se sienten los demás, así como empleando las emociones para permitir la comunicación social. Inicialmente, el cociente de inteligencia era visto como el determinante fundamental del éxito, ya que se consideraba que las personas que tenían un alto cociente de inteligencia estaban destinadas a obtener más logros. Todo esto llevó a un debate sobre si la inteligencia es un producto del medio ambiente o de factores genéticos.

Con el tiempo, los críticos comenzaron a reconocer que el poseer un porcentaje de inteligencia alto no es una garantía de éxito en la vida. Además, el cociente de inteligencia por sí solo no podía capturar el espectro completo de las habilidades y conocimientos humanos. Cuando se trata de logros académicos, los cocientes de inteligencia todavía se aceptan como un elemento crítico de éxito. Las personas con altos coeficientes de inteligencia es probable que sobresalgan en la escuela y ganen más dinero, así como que tengan una vida más saludable. Expertos contemporáneos reconocen que el cociente inteligente no es el único determinante del éxito en la vida. En este contexto, el cociente inteligente es visto como parte integral de una intrincada variedad de influencias que incluyen la inteligencia emocional.

Igualmente importante es que el concepto de inteligencia emocional ha tenido un impacto significativo en numerosas áreas, pero especialmente en el dominio empresarial. La mayoría de las organizaciones ahora exigen capacitación en inteligencia emocional y emplean pruebas de cociente emocional como parte integral del proceso de contratación Las personas con líderes efectivos tienden a exhibir una alta inteligencia emocional insinuando que un alto cociente emocional es un componente crítico del liderazgo y la gestión empresarial.

Una ilustración puede ser cuando se toma una compañía de seguros que se da cuenta de que la inteligencia emocional puede desempeñar un papel fundamental en el éxito de las ventas. Luego de esto surge el conocimiento de que los agentes de ventas que que tienen un puntaje más bajo en habilidades de inteligencia emocional como la empatía, la confianza en sí mismos y la iniciativa tienden a vender una prima promedio de 45.000 dólares en comparación con los agentes que ocupan un lugar más alto en las puntuaciones de inteligencia emocional que venden un promedio de 105.000 dólares.

Adicionalmente, las habilidades emocionales pueden utilizarse para influir en las elecciones que hacen los consumidores cuando se enfrentan a decisiones de compra. La mayoría de las personas prefieren tratar con un individuo en el que confían y que les gusta en comparación con alguien en quien no lo hacen, y esto implica pagar más por un producto inferior.

De hecho, la inteligencia emocional puede aprenderse. Algunas de las formas en que la inteligencia emocional puede ser impartida son a través de la educación del carácter, animando a la gente a pensar en cómo se sienten los demás, modelando comportamientos positivos y descubriendo formas de ser más empáticos con los demás. Como cualquier otra forma de entrenamiento, el candidato a la capacitación debe estar dispuesto a adquirir conocimientos y a practicarlos. Una persona que busca mejorar sus niveles de inteligencia emocional debe hacer primero una autoevaluación de las debilidades que se relacionan con la inteligencia emocional y luego hacer más evaluaciones utilizando la guía de un experto. Cuando se entrena a alguien en inteligencia emocional, debe implementarse de manera gradual y ajustarse a las necesidades individuales del candidato.

En general, ambos; tanto el cociente de inteligencia como el cociente emocional juegan papeles críticos en el impacto del éxito general de un individuo, incluyendo el bienestar, la salud y la felicidad. Aprender a mejorar las habilidades en áreas débiles a más del promedio es mucho más importante que sólo enfocarse en las áreas más dotadas. La razón de este argumento es que, como individuo, usted como conjunto es más importante que un conjunto de fortalezas específicas.

Piénsalo de esta manera, eres un trabajador muy inteligente pero incapaz de manejar las decepciones que comprometen tu productividad general. Alternativamente, considérese una persona altamente estable emocionalmente y que tiene la capacidad única de involucrar a otros, pero con dificultades para aprender nuevas tecnologías y sistemas en el lugar de trabajo, lo que acaba afectando a su productividad general. Idealmente, tener un equilibrio entre el cociente inteligente y el cociente emocional es muy beneficioso. Afortunadamente, existen métodos probados para ayudarte a trabajar en tus áreas débiles y de ésta forma hacerte un ser más completo.

Ejercicio

a. Como parte del equipo de contratación que se encuentra buscando un reemplazo para un Oficial de Tecnología de la Información en su empresa, sólo logró preseleccionar dos candidatos donde uno de ellos es una persona aguda con respecto a los logros académicos pero parece temperamental. El otro posee un desempeño promedio en lo académico, pero parece emocionalmente estable y deseoso de participar. ¿Cómo manejaría el proceso de contratación para terminar con el candidato más adecuado para su organización?

b. Obtenga cualquier episodio de la serie de televisión Bing Bang Theory y dé una primera impresión del personaje de Sheldon Cooper. Asumiendo que sólo la observación es suficiente para juzgar a un individuo, ¿contratarías a Sheldon Cooper?, ¿Por qué sí o por qué no?

Inteligencia emocional versus inteligencia social

La inteligencia emocional se relaciona con el presente y las emociones que se manifiestan. Por ejemplo, una madre sabe cómo se siente el bebé. La madre sabe si el bebé está triste o hambriento. Alternativamente, piensa en un adolescente tímido y asustado en una fiesta. Lograste percibir esto porque tienes el cociente emocional aplicado adecuadamente. Por otro lado, la inteligencia social se preocupa más acerca del futuro, ya que te encuentras confiando en el conocimiento actual para mejorar el futuro buscando el mejor camino para ti. Por ejemplo, un trabajador de una organización que busca una manera diferente de estar en desacuerdo con el jefe sobre las nuevas medidas que se están implementando.

De esta manera, la inteligencia social involucra la comprensión de las personalidades y los correspondientes comportamientos de las personas para entender cómo llevarse mejor. El propósito de la inteligencia social es obtener resultados positivos de las interacciones sociales. Por otro lado, la inteligencia emocional se trata de a ayudar a un individuo a tomar conciencia de su estado emocional y manejarlo para que pueda comprenderlo. Teniendo todo esto en cuenta, la inteligencia emocional es un requisito previo a la inteligencia social, siendo esta un resultado de la primera. En pocas palabras, si una persona no tiene los niveles de inteligencia emocional necesarios, probablemente muestre un desempeño deficiente en las interacciones sociales. Piense en Sheldon Cooper en la serie de televisión Big Bang Theory.

La explicación adicional incluye el reconocimiento de que la inteligencia social es cuando la inteligencia emocional se aplica en un entorno de grupo haciendo que todos se sientan cómodos, complacientes y civiles. Por esta razón, la inteligencia social ha evolucionado para permitirnos sobrevivir. Pensar en la supervivencia y en los logros en la carrera requiere más que sólo buenas notas. Por ejemplo, puedes estar altamente calificado pero responder mal a las preguntas que buscan determinar tu estabilidad emocional. En otros términos, reaccionar groseramente a sus entrevistadores constituye una señal de que tiene un bajo nivel de inteligencia social. La falta de manifestación de la inteligencia social requerida puede aumentar el riesgo de perder el trabajo, las oportunidades o la amistad.

Un ejemplo de inteligencia social puede ser el caso de Richard, un típico empleado de oficina. Richard es lo suficientemente inteligente socialmente como para comprender que su jefe se molesta por las malas noticias casuales. Por esta razón, Richard entiende que es socialmente inteligente dar las noticias negativas comenzando por resaltar los aspectos positivos de las mismas para evitar provocar una reacción emocional de su jefe. Por otro lado, Richard entiende que si comparte las noticias con Julieta, ella las comunicará casualmente y no pensará en las consecuencias de sus acciones al difundir las novedades. Ante esta situación, Richard emplea la inteligencia social y evita decirle a Julieta que se contenga cuando las noticias son totalmente positivas.

Además, Richard emplea la inteligencia emocional en las reuniones de conferencia. Mientras todo va bien en su reunión del martes, de repente nota en Julieta, expresiones faciales que indican se siente irritada y agitada. Entonces, Richard ajusta la entrega y se da cuenta que Julieta ahora está tranquila y satisfecha con el proyecto sugerido pero se mantiene callada. A través de la inteligencia emocional Richard logra obtener la opinión de Julieta sobre el proyecto. Julieta ofrece su opinión y la misma ayuda al avance del proyecto a medida que ambos llegan a un consenso. Los dos ejemplos anteriores, demuestran la diferencia entre inteligencia emocional y la inteligencia social.

Para mayor énfasis, la inteligencia emocional requiere ciertas competencias que incluyen lo siguiente; autoconciencia que aborda el reconocimiento emocional, la autoconfianza y la autoevaluación. La inteligencia emocional también demanda autorregulación, lo cual involucra, adaptabilidad, innovación, autocontrol, conciencia y fiabilidad. El otro componente de la inteligencia emocional, hace referencia a la auto motivación, que comprende el compromiso, el impulso, la iniciativa y el optimismo. La inteligencia emocional requiere mostrar una conciencia social que involucre la orientación al servicio, la empatía, el aprovechamiento de la diversidad, el desarrollo en equipo y la conciencia política. Finalmente, la inteligencia emocional requiere la puesta en práctica de habilidades sociales que incluyen liderazgo, comunicación, gestión de conflictos, gestión del cambio y cooperación. Todas estas son las áreas integrales del entrenamiento en inteligencia emocional.

Finalmente, la inteligencia social se refiere a la competencia que ayuda a un individuo a construir una relación con los demás. La inteligencia social se puede dividir en gestión de relaciones y conciencia social. Todos estos subconceptos pueden estudiarse de forma separada al concepto principal, esto es la inteligencia social, también denominada inteligencia emocional y social. Precisamente, la inteligencia social es un derivado de la inteligencia emocional. De esta manera, la inteligencia social es una extensión de la inteligencia emocional. El propósito de hacer énfasis en esto es permitir a los capacitadores y candidatos comprender qué debe preceder. El entrenamiento en inteligencia emocional debe anteceder al adiestramiento en inteligencia social. En términos más sencillos, usted debe comprenderse y manejarse a si mismo antes de involucrarse positivamente con otras personas.

Ejercicio

a. ¿Cómo puedes mejorar tu inteligencia social en la escuela o en el lugar de trabajo?

b. Piense en un político que tiene dificultades para relacionarse con los demás y sugiera cinco maneras en que el político puede mejorar sus habilidades sociales.

La inteligencia emocional en la psicología

Varios investigadores afirman que distintos trastornos de la personalidad son causados o regulados por la inteligencia emocional del individuo. En el contexto de la psicología, la inteligencia emocional se refiere al conjunto de habilidades para facilitar, reconocer, comprender y manejar las emociones que permitan el uso del conocimiento emocional para lograr una mayor adaptación, así como bienestar psicológico. Al tener una inteligencia emocional alta, es probable que usted logre una actitud positiva, pueda reponerse después de sentir emociones adversas y disminuyan sus niveles de estrés, ansiedad y depresión.

En particular, el vínculo entre la inteligencia emocional y la psicología se apoya en que los pacientes con varios trastornos clínicos muestran déficits en su puntuación de inteligencia emocional. Podemos asumir entonces que una puntuación baja en inteligencia emocional sugiere propensión a trastornos clínicos. Por ejemplo, varios estudios afirman que la mayoría de las personas con déficit de atención muestran una carencia en cualquiera de estas competencias emocionales. Asimismo, podemos asumir que las competencias de inteligencia emocional contribuyen al tratamiento del déficit de atención. Los pacientes con ansiedad social muestran una fuerte correlación entre la gravedad de los síntomas y la dificultad para percibir adecuadamente las emociones y emplearlas para facilitar su pensamiento.

Además, las personas con el Síndrome de Evitación Extrema de Demandas, muestran niveles significativamente más bajos en comprensión emocional y gestión de habilidades en comparación con los sujetos sanos. Todo esto indica que los déficits en compresión e integración emocional son parte de la fenomenología de los trastornos de pánico. Las personas con trastorno de ansiedad generalizada se centran más en sus emociones y tienen dificultades críticas para abordar sus estados de ánimo negativos. Los grados de intensidad de los síntomas de las personas con trastorno de ansiedad generalizada están relacionados con las dificultades para diferenciar claramente entre varios estados emocionales. Esta afirmación implica que la incapacidad para manejar las emociones individuales puede ser un factor de propensión para el desarrollo del trastorno de ansiedad generalizada,

En este contexto, las dificultades relacionadas con el manejo de los estados emocionales son un indicador crucial de la potencialidad para presentar trastornos de personalidad. En algunos sujetos no clínicos, los rasgos patológicos de la personalidad, están vinculados a déficits críticos en inteligencia emocional, como rasgos esquizotípicos, psicópatas y límite. Entonces se puede argumentar que la presencia de trastornos de la personalidad en pacientes con déficit de atención puede estar vinculada a mayores carencias en inteligencia emocional.

En consecuencia, la inteligencia emocional es fundamental para desarrollar una vida equilibrada. La inteligencia emocional no solo se limita a comunicarse con las personas. Este tipo de inteligencia debe ser tomada como una vía para lograr una vida equilibrada. Cada aspecto de la vida requiere inteligencia emocional. Por ejemplo, la inteligencia emocional afecta la salud física, que es la capacidad de cuidar nuestros cuerpos. Al manejar el estrés que tiene un efecto significativo en nuestro bienestar, estamos reconociendo el papel crítico de la inteligencia emocional. Al conocer nuestro estado emocional y nuestras reacciones al estrés, podemos lograr controlar este y mantener una buena salud.

Como resulta previsible, la inteligencia emocional afecta nuestro bienestar mental, impactando nuestra perspectiva y actitud ante la vida. La inteligencia emocional puede ayudar a aliviar la ansiedad así como a evitar la depresión y los cambios de humor. Tomando esto en cuenta, un alto nivel de inteligencia emocional se correlaciona directamente con una actitud positiva y con una perspectiva más feliz ante la vida. Así, mediante la comprensión y manejo de nuestras emociones seremos más efectivos al comunicar nuestros sentimientos de forma útil. A través de la inteligencia emocional, logramos comprender y relacionarnos con otros con quienes interactuamos. Es mediante la comprensión de los sentimientos, las necesidades y las reacciones de aquellos que nos importan que podemos formar relaciones más fuertes y más satisfactorias.

Del mismo modo, la inteligencia emocional impacta en la resolución de conflictos. Mediante el discernimiento de las emociones de otras personas, aprendemos a empatizar con sus puntos de vista en relación a un tema, lo cual facilita la resolución de controversias o las evita antes que se agraven. La habilidad para comprender las necesidades y deseos de otras personas aumenta la eficiencia al momento de negociar. La inteligencia emocional también impacta en el éxito ya que una inteligencia emocional superior nos ayuda a ser motivadores internos efectivos y asertivos para ayudar a disminuir la falta de productividad, aumentar la autoconfianza y mejorar la capacidad de concentrarnos en un objetivo. La inteligencia emocional puede mejorar nuestra potencialidad para el éxito al permitirnos construir mejores redes de apoyo, superar desafíos y mantener una perspectiva más sólida. En general, nuestra habilidad para retrasar la recompensa y tomar en consideración el largo plazo, tiene un impacto directo en la capacidad de tener éxito.

Desafortunadamente, la inteligencia emocional en psicología también tiene un lado negativo. El peligro de la inteligencia emocional es que es moralmente neutral, lo que implica que depende de cómo se use. La inteligencia emocional puede ser tomada y utilizada por un individuo con segundas extensiones, a expensas de los demás. La inteligencia emocional puede usarse como un Asperger caso en el cual, el individuo puede no entender lo que otros sienten. La inteligencia emocional en un psicópata hace que el individuo no se preocupe por lo que está sintiendo a pesar de tener consciencia de ello. Por último, un maquiavélico manipula los sentimientos para lograr sus fines egoístas. En relación al Síndrome de Asperger, piense en Sheldon Cooper de la serie de televisión Big Bang Theory. Finalmente, es probable que las personas con un alto nivel de habilidad engañar sean los miembros dominantes en un entorno grupal y hagan que los demás simplemente se empeñen en ayudar al líder a lograr fines egoístas.

Ejercicio
a. Explique en sus propios términos ¿cómo se vincula la inteligencia emocional con la psicología?

b. ¿Está de acuerdo en que los puntajes de inteligencia emocional se correlacionen con varios trastornos clínicos de la personalidad? ¿Por qué o porque no?

C. Intente vincular el aspecto del engaño como un aumento de la probabilidad de que el individuo engañoso sea un líder/ miembro dominante de un grupo. Explique utilizando figuras públicas como celebridades o personajes de televisión.

Una breve reseña histórica de la inteligencia emocional

La inteligencia emocional como un concepto separado no existió hasta 1953, cuando Dorothy Van Ghent observó en su libro correspondiente a la novela inglesa Pride and Prejudice, que la mayoría de los personajes de Jane Austen en la obra, exhibían un alto cociente emocional. Una psicoanalista alemana, Barbara Leuner, en 1966 argumentó que la droga LSD podría ayudar a las mujeres con baja inteligencia emocional y en ese entonces Leuner sostuvo que la baja inteligencia emocional surgió como consecuencia de la separación temprana de las madres que condujo a más problemas emocionales en comparación con el grupo de control. Sin embargo, el primer individuo en presentar el término inteligencia emocional en una fuente de idioma inglés fue Wayne Payne a través de la disertación de 1986. Wayne aplicó el término ampliamente en su disertación sugiriendo que la conciencia emocional era un componente crítico para el desarrollo en los niños.

En este sentido, los psicólogos Mayer y Salovey se alinearon con el uso contemporáneo de la teoría de la inteligencia emocional al ofrecer la primera formulación del concepto y una ilustración de cómo se puede evaluar la inteligencia emocional en dos artículos de revistas en 1990. Durante ese período a principios de la década de 1990, el concepto de coeficiente intelectual era ampliamente reconocido como el estándar de excelencia en la vida. Igualmente importante es que durante este período el debate versó en gran medida en torno a si el coeficiente intelectual estaba conectado a nuestros genes o era adquirido del medio ambiente a través de la experiencia individual. Fue hasta 1995 que Daniel Goleman, como periodista científico, descubrió los estudios de Mayer y Salovey y comenzó a sentirse motivado por la idea de encontrar una nueva forma de evaluar los componentes claves para lograr el éxito en la vida.

Al igual que Mayer y Salovey, Goleman empleó el término inteligencia emocional para abarcar un amplio espectro de hallazgos científicos que unieron subdominios de investigación separados. El trabajo de Goleman también cubrió otros desarrollos científicos vinculados, como el campo de la neurociencia, que en sus comienzos exploraba cómo se manejaban las emociones en el cerebro. Cuando Goleman publicó en 1995 su trabajo denominado Emotional Intelligence explicando por qué puede esta inteligencia importar más que el coeficiente intelectual, ganó la atención del mundo. Durante este período, la mayoría de los profesionales de la salud no se habían planteado la idea de la inteligencia emocional aunque los estudios de Mayer y Salovey ya llevaban cinco años publicados. El concepto de inteligencia emocional fue tan popular que las obras de Goleman se convirtieron en un best seller e impactaron al mundo.

Además, Goleman señaló que se sintió complacido al escuchar que los educadores habían adoptado la inteligencia emocional en lo que hoy se conoce como aprendizaje social y emocional. En el momento en que los trabajos de Goleman se publicaron, solo unas pocas escuelas contaban con programas que enseñaban habilidades de inteligencia emocional a los estudiantes. En 2002, la UNESCO comenzó una campaña mundial para promover el aprendizaje social y emocional mediante el desarrollo de diez principios fundamentales para poner en práctica este tipo de aprendizaje en al menos 140 ministerios de educación de diferentes países. Han sido diversos los intentos para evaluar el impacto de la enseñanza directa en la capacidad de una persona para demostrar inteligencia emocional. En general, algunos estudios han mostrado un éxito significativo en cuanto a la inteligencia emocional, mientras que otros estudios cuestionan si la inteligencia emocional merece ser tratada como un concepto separado.

En particular, Mayer, Goleman y Salovey propusieron la noción de inteligencia emocional tomando en consideración la injusta hegemonía que tenía la evaluación del coeficiente intelectual durante ese período. Se daba el caso de personas muy inteligentes pero que no se consideraban exitosas. Piense cómo en un entorno laboral contemporáneo, palabras como nerd y geek aún despiertan mucha fascinación. En esencia, estos términos populares describen a un individuo socialmente inadecuado. Hasta ahora, resulta apropiado afirmar que las competencias de inteligencia emocional tendrían un impacto en la productividad de un individuo, especialmente en ambientes de trabajo grupal.

Por último, tener un coeficiente intelectual muy elevado, no garantiza que una persona establezca relaciones humanas satisfactorias y tenga paz interior. En cambio, tales cualidades se muestran ampliamente en aquellas personas que también tienen una gran inteligencia emocional. Por ejemplo, un alto coeficiente intelectual puede permitir que una persona sea preseleccionada para un trabajo soñado, pero sin inteligencia emocional, el candidato podría no impresionar en la etapa de la entrevista. El ejemplo dado ilustra cómo la inteligencia emocional puede aumentar las probabilidades de éxito de un individuo. La conclusión debería ser que la inteligencia emocional y el coeficiente intelectual se complementan entre sí.

Ejercicio
a. En su opinión, ¿quién tuvo un impacto significativo al llamar la atención mundial sobre el concepto de inteligencia emocional?
b. ¿Considera que los defensores de la inteligencia emocional tienden a degradar sutilmente el grado de importancia del coeficiente intelectual?

Otras investigaciones y estudios sobre inteligencia emocional

Estudios recientes sobre inteligencia emocional comparten información sobre cómo la inteligencia general y la inteligencia emocional afectan las habilidades académicas y sociales de los estudiantes. A partir de dichos estudios, se ha podido conocer que tanto la capacidad mental general como la inteligencia emocional tienen efecto en el rendimiento académico y social de los estudiantes en la universidad. Sin embargo, la capacidad mental general jugó un papel importante en la predicción del rendimiento académico en comparación con la inteligencia emocional. Otro descubrimiento interesante es que solo la inteligencia emocional, en oposición a la capacidad mental general, se relacionó con la calidad de las interacciones sociales con los compañeros. Podemos concluir entonces que se necesita capacidad de interacción emocional para trabajar con otros y, en especial para trabajar con el público por lo que en estos casos, se requiere priorizar cómo se maneja este tipo de interacción, sobre la inteligencia. A partir de estas afirmaciones, poseer más del promedio de inteligencia emocional y coeficiente intelectual aumenta las probabilidades que tiene un individuo de sobresalir en la escuela y en el lugar del trabajo.

De igual manera, en investigaciones recientes sobre inteligencia emocional, se estudió a los individuos con esquizofrenia para determinar si presentan un deterioro en la inteligencia emocional en comparación con el grupo de control y de ser positiva esta hipótesis, identificar las áreas exactas de debilidad en la inteligencia emocional. De los referidos estudios, se desprende que las personas con esquizofrenia presentaron un rendimiento significativamente peor en comparación con grupo de control. Las áreas de debilidad comunes detectadas en las personas con esquizofrenia corresponden a la comprensión, identificación y manejo de las emociones. Tener puntajes bajos de inteligencia emocional se correlacionó significativamente con mayores dificultades en el funcionamiento de un individuo en comunidad. La conclusión de esta investigación es que las competencias de inteligencia emocional pueden utilizarse para ayudar a mejorar la calidad de vida de las personas con diversas condiciones psicológicas. La inteligencia emocional puede ser utilizada para la detección o avance en el tratamiento de enfermedades mentales existentes, especialmente cuando existen trastornos de la personalidad.

Asimismo, los estudios contemporáneos sobre inteligencia emocional investigan si esta puede enseñarse y, de ser así, si la información obtenida por un individuo puede retenerse con el tiempo. Algunos de los estudios recientes afirman que los grupos entrenados en inteligencia emocional muestran un incremento en sus competencias en el área. Según los hallazgos de los referidos estudios, las habilidades en inteligencia emocional se conservaron aun después de seis meses. Las implicaciones y hallazgos de estos estudios indican que la inteligencia emocional puede ser adquirida y mejorada. En comparación con el coeficiente intelectual, la inteligencia emocional puede ser enseñada, aprendida y también puede retenerse. Otra implicación de este estudio es que los empleadores ahora tienen más libertad al contratar, ya que aún pueden reclutar individuos altamente calificados e inscribirlos para la capacitación en inteligencia emocional, lo cual permite a la organización comandar una fuerza laboral bien equilibrada en términos de coeficiente intelectual y competencias de inteligencia emocional.

Por último, las nuevas investigaciones sobre inteligencia emocional se centran en la relación entre la inteligencia emocional y el desempeño laboral. La conexión entre la inteligencia emocional y la productividad se exploró concentrándose en la confluencia entre las dimensiones individual y social de la inteligencia emocional. Diversos estudios afirman que la evaluación de las emociones juega un papel importante en el desempeño laboral subjetivo y objetivo. Como se sugirió anteriormente, la inteligencia emocional puede ayudar a responder la pregunta de por qué existe una brecha en aquellos candidatos altamente calificados que presentan dificultades para cumplir con lo esperado, quizás debido a los desafíos de trabajar con otros, comunicar sus sentimientos y ser tolerante. La mayoría de las organizaciones tratan directamente con el público, por lo que la forma en que la organización se comunica y maneja a un cliente es más relevante, en algunos casos, que la eficacia de una solución dada.

Finalmente, los estudios actuales examinan la posibilidad de superponer la inteligencia emocional a la personalidad y los rasgos cognitivos. La inteligencia emocional tiende a variar con las habilidades cognitivas así como con los rasgos de personalidad. Una de las áreas críticas en la gestión de recursos humanos es la definición correcta de la personalidad. La inteligencia emocional podría ayudar a incrementar la posibilidad de hacer evaluaciones de personalidad correctas, en comparación con la sola utilización de test de personalidad. A diferencia de los test de personalidad, las medidas de inteligencia emocional, evalúan activamente la personalidad de un candidato. Las pruebas de inteligencia emocional pueden integrar test de habilidad y conducta, dirigidos a evaluar la personalidad de un individuo. Es necesario que en el futuro se investigue si la puntuación de inteligencia emocional se relaciona con los rasgos cognitivos y de personalidad. Es de destacar que el modelo de medición de la inteligencia emocional permite la evaluación de los rasgos cognitivos del individuo, mientras que el modelo de rasgos se vincula más con la personalidad del individuo.

Ejercicio
a. Suponga que usted es parte de la junta que busca contratar a un candidato para reemplazar al ex ingeniero de redes de su empresa de consultoría de Tecnología de la Información. Para este puesto, las habilidades son muy críticas, ya que el candidato seleccionado debe contar con las competencias técnicas especificadas. Al mismo tiempo, el candidato seleccionado tendrá que trabajar con otros y capacitarlos en los sistemas organizacionales. Es evidente que necesitará un individuo que tenga habilidades mentales significativas, así como inteligencia emocional. Después de un cuidadoso proceso de selección, usted tiene a Richard, un ingeniero de redes altamente calificado, pero parece ser emocionalmente inestable cuando se le hacen preguntas que parecen básicas u ofensivas. Por otro lado, tiene a Mike, que demuestra habilidades promedio y parece un estudiante común pero cuenta con una gran personalidad. Como la persona que tomará la decisión final, describa brevemente cómo manejaría esta situación priorizando las necesidades de la empresa. Recuerde que las necesidades de la empresa incluyen obtener un individuo competente que también debe trabajar en equipo con facilidad.

Marco de trabajo de la inteligencia emocional

El esquema de inteligencia emocional se compone de tres modelos que son el modelo de rasgos, el modelo de habilidad y el modelo mixto. Todos estos modelos se centran en la aplicación del conocimiento y el poder para impactar la inteligencia emocional aunque difieren significativamente.

Comenzando con el modelo de habilidad, este es un esquema de inteligencia emocional que se refiere a la percepción de las emociones mediante la comprensión de signos no verbales como las expresiones faciales. El esquema de la inteligencia emocional también incluye la interpretación de las emociones, considerando estas como una actividad cognitiva. La comprensión de las emociones implica la interpretación de estas en quienes se encuentran a su alrededor, reconociendo que las personas pueden expresar emociones de enojo cuando en realidad no están enojados con usted, sino con la situación. . Así, mediante las habilidades, una persona aprende a manejar las emociones y reaccionar de manera adecuada y consistente. Por esta razón, el modelo de habilidades utiliza la autoconciencia, la autorregulación, la motivación, la empatía y las destrezas sociales.

En segundo lugar, hay un esquema mixto que integra diferentes tipos de cualidades de inteligencia emocional. A través de este esquema, se combina el conocimiento y la comprensión de los desencadenantes de emociones. Otro aspecto del enfoque mixto es que también cubre habilidades como la empatía. El modelo de enfoque mixto se refiere a competencias tales como la capacidad de detectar expresiones faciales. También hay otros componentes del esquema mixto que incluyen rasgos como el optimismo y actitudes como la orientación al servicio. Siempre que sea posible, también pueden incluirse otras cualidades, como ser inspirador. Es difícil evaluar todos los aspectos de la inteligencia emocional con un solo instrumento y esto requiere la necesidad de mezclar una variedad de herramientas dentro de una mega herramienta y luego crear una puntuación de coeficiente emocional.

De igual manera, al evaluar el esquema mixto es importante determinar cómo procesar la proporción de cada herramienta básica de inteligencia emocional a incluir. Por ejemplo, ¿utiliza más elementos del esquema de habilidades o de rasgos? Otro aspecto importante es cómo estas combinaciones impactarán en el resultado final ya que cada dato de entrada varía a pesar de conducir al mismo objetivo. Los defensores de este esquema argumentan que permite aprovechar las fortalezas de cada modelo y reducir las limitaciones de cada modelo individual.

Además, existe un esquema de rasgos que comprende en gran medida herramientas de autoevaluación. Los críticos de este esquema de inteligencia emocional piensan que la auto percepción no es lo suficientemente confiable para ser utilizada como herramienta excepto si es empleada para una reflexión personal. Puede ser difícil determinar correctamente como se desempeña usted al discernir sus emociones y manejarlas como un tipo de pensamiento que se nubla al tener crisis emociones. El rol principal de las herramientas de rasgos es ayudarle a reconocer como ve a los demás e interactúa con ellos desde una perspectiva emocionalmente inteligente. El enfoque de la autoevaluación se considera válido debido a que los individuos probablemente mostrarán sus rasgos innatos y el auto informe lo revelará de manera efectiva.

Las personas que trabajan en el área del comportamiento humano tienen como desafío la credibilidad de las autoevaluaciones en lo que respecta a los estados mentales. Por lo general, lo relativo a las experiencias subjetivas tiende a predominar en el auto informe, lo cual denota algo de sesgo. El sesgo individual impacta a su vez en la manera cómo se percibe a los demás. La inteligencia emocional es un compendio de competencias y habilidades que mejoran el desempeño de un individuo en el lugar de trabajo. Así entonces, la inteligencia emocional debe manejarse como una interconexión entre las competencias sociales y emocionales que impactan en el desempeño y el comportamiento.

En consecuencia, los esquemas de inteligencia emocional nos permiten diferenciar entre las emociones y la inteligencia emocional. Las emociones pueden considerarse como un estado inherente de la mente construido a partir del entorno, la historia y los contextos actuales. El origen de las emociones abarca las circunstancias, el entorno y el conocimiento, incluyendo las relaciones y los estados de ánimo. Las emociones de un individuo se ven afectadas por sus sentimientos y experiencias. La inteligencia emocional es la capacidad, habilidad y conciencia para reconocer, comprender las emociones y estados de ánimo particulares, así como su aplicación de manera positiva. Aprendiendo cómo manejar los sentimientos y emociones y aplicando esto, permitirá actuar y comportarse adecuadamente, tomar decisiones, auto gestionarse, abordar los problemas y liderar a los demás.

Al evaluar el esquema de la inteligencia emocional, es importante reconocer que, si bien el concepto de inteligencia emocional puede parecer sencillo de comprender, no lo es. El modelo de habilidades es considerado como una nueva inteligencia y se encuentra limitado por el criterio estándar aplicable a todas las inteligencias nuevas. Este modelo califica la percepción emocional tomando en cuenta las expresiones faciales, voces, el lenguaje corporal y las imágenes, entre otros. Mediante la percepción emocional usted puede reconocer las emociones de los demás. La percepción de las emociones, resulta entonces un concepto fundamental para la inteligencia emocional, por cuanto es importante completar cualquier otro de los procesos requeridos en el modelo de habilidades.

Ejercicio
a. Elija cualquier aspecto del esquema de inteligencia emocional y haga una crítica

Inteligencia emocional alta y baja

La mejor manera de diferenciar la inteligencia emocional alta y baja es presentar los atributos de cada tipo. Una persona con inteligencia emocional alta expresará sus sentimientos de manera clara y directa con oraciones de tres palabras tales como "Me siento..." Con una alta inteligencia emocional, una persona no enmascarará los pensamientos como sentimientos. Si usted tiene una inteligencia emocional alta, no tendrá miedo de expresar sus sentimientos. Aún más importante, una persona con alta inteligencia emocional no será dominada por emociones negativas. Así entonces no le dominarán sentimientos negativos como la culpa, vergüenza, preocupación, obligación, impotencia o desconcierto.

Además, un individuo con alta inteligencia emocional lee la comunicación no verbal con facilidad. Teniendo una inteligencia emocional alta, guiará sus sentimientos para tomar decisiones sanas y realistas. Las personas que pueden equilibrar los sentimientos utilizando la lógica, la razón y la razón tienen una gran inteligencia emocional. Teniendo una gran inteligencia emocional, podrá dejar de lado el deseo de actuar motivado por la fuerza, el deber o la obligación. Una inteligencia emocional alta le hará independiente, moralmente autónomo y autosuficiente. Una persona motivada por sí misma, tiene una alta inteligencia emocional. Un individuo que no está motivado por la riqueza, el poder, la fama, el estatus o la aprobación tiene atributos de inteligencia emocional.

Asimismo, si usted tiene una inteligencia emocional alta, entonces también será emocionalmente resiliente. Los demás atributos de una inteligencia emocional alta, incluyen el sentimiento de optimismo, pero también el realismo y se permiten ciertos niveles de pesimismo. Con una inteligencia emocional alta, un individuo no se tomará a pecho el fracaso. La capacidad de interesarse en los sentimientos de otras personas y sentirse cómodo hablando de los sentimientos, es considerada como parte de una inteligencia emocional alta. Si una persona no se paraliza por la preocupación entonces es probable que tenga una inteligencia emocional alta. La habilidad para identificar múltiples sentimientos concurrentes ayuda a desarrollar una alta inteligencia emocional.

Por otro lado, los atributos de baja inteligencia emocional incluyen no asumir la responsabilidad de los sentimientos, atribuyéndole la culpa a otras personas o al contexto. Si una persona no puede explicar cómo y por qué se siente de determinada manera, esto es un signo de baja inteligencia emocional. Una persona con poca inteligencia emocional intenta analizarle cuando expresa sus sentimientos. Dichas personas inician oraciones expresando "Creo que tú...". Los mensajes de una persona con inteligencia emocional baja, tienden a comenzar con "Creo que deberías... ". Las personas con baja inteligencia emocional pondrán la culpa en el otro. Otro signo de una baja inteligencia emocional es la tendencia a reservarse los sentimientos, lo cual corresponde con la deshonestidad emocional. Una persona con poca inteligencia emocional, minimizará o exagerará los sentimientos.

En consecuencia, las personas con baja inteligencia emocional permitirán que las cosas hiervan a fuego lento hasta que exploten, inclusive reaccionarán violentamente ante asuntos relativamente menores. La falta de integridad y sentido de conciencia es un signo de baja inteligencia emocional. Si una persona guarda rencor, este individuo muestra atributos de baja inteligencia emocional. Como es de suponer, estar con una persona con poca inteligencia emocional, resulta incómodo. Tales individuos actúan desde sus sentimientos en lugar de expresarlos. Cuando una persona se muestra insensible a los sentimientos de los demás, incluyendo el ser evasivos, esto es un signo revelador de baja inteligencia emocional. Al tener poca inteligencia emocional, su compasión y empatía serán perceptiblemente bajas.

Del mismo modo, la inteligencia emocional baja puede manifestarse a través de la rigidez cuando la persona es inflexible y necesita reglas y estructura para sentirse segura. Cuando una persona no está presente emocionalmente y da poco espacio para la intimidad emocional, demuestra entonces poca inteligencia emocional. Un individuo con inteligencia emocional baja no tomará en cuenta los sentimientos de los demás antes de actuar. Otro ejemplo de poca inteligencia emocional se refiere a un individuo inseguro y a la defensiva que tiene dificultades para reconocer los errores y expresar remordimiento de manera sincera. La mayoría de las personas con poca inteligencia emocional, aluden a la falta de otras opciones para justificar sus reacciones y comportamientos.

De igual manera, es importante destacar que un individuo con poca inteligencia emocional mostrará una visión parcial y estereotipada del entorno, con persistencia de emociones negativas. Estas personas tienden a ser excesivamente pesimistas y a invalidar la alegría de los demás. En algunas oportunidades, las personas con baja inteligencia emocional, pueden ser demasiado optimistas hasta el punto de ser poco realistas e invalidar los temores legítimos de los demás. Si una persona se siente decepcionada, incapaz, amargada, victimizada o resentida, probablemente muestre poca inteligencia emocional. Otro ejemplo de una baja inteligencia emocional ocurre cuando el individuo se obsesiona con un determinado camino, ignorando el sentido común o se retira ante la primera dificultad. Cuando la persona busca relaciones sustitutivas con mascotas y plantas, incluidos seres imaginarios, evitando las conexiones con las personas, esto podría demostrar también poca inteligencia emocional.

En este sentido, la baja inteligencia emocional se manifestará como un apego a las creencias motivado por la inseguridad y por evitar adoptar nuevos conceptos y puntos de vista. Una persona con poca inteligencia emocional describirá los detalles de un evento y lo que piensa sobre él, pero evitará expresar cómo se siente al respecto. Aquellos que no saben escuchar, que interrumpen o invalidad a otros podrían estar sufriendo de baja inteligencia emocional. Los otros atributos de baja inteligencia emocional incluyen la falta de expresión de las emociones, enfocándose en hechos en lugar de sentimientos.

Ejercicio

a. Para que se considere que una persona tiene inteligencia emocional baja o alta, los atributos indicados anteriormente deben ser consistentes y no solo características espontáneas. Utilizando los atributos sugeridos, describe a un compañero de clase o ex compañero de clase a quien usted clasifique como que posiblemente tenga una inteligencia emocional baja o inteligencia emocional alta

b. Busque un lugar tranquilo y revise sus acciones durante las últimas una o dos semanas. Saque una hoja de papel o una aplicación de procesador de texto y etiquétese "Candidato X". Califique la inteligencia emocional del Candidato X como alta o baja. Indique las características de lo asentado en la clasificación bien sea de inteligencia emocional baja o alta.

¿Por qué el desarrollo de la inteligencia emocional es crucial?

Desarrollar inteligencia emocional es importante por cuanto las emociones impactan los procesos cognitivos. Por ejemplo, es probable que evite correr riegos cuando se siente ansioso. El sentimiento de ansiedad hace que se perciba el entorno actual como incierto y evitar riesgos es común cuando un individuo se siente inseguro. Utilizando este conocimiento de las emociones, los comerciantes inteligentes reconocerán que serán reacios al riesgo cuando se sientan inquietos, mientras que aquellos con inteligencia emocional baja podrían no ser conscientes de este efecto. El ejemplo anterior sugiere que la alta inteligencia emocional puede aumentar las posibilidades de éxito en la vida en comparación con la baja inteligencia emocional. En general, la inteligencia emocional influye en los procesos cognitivos y, en última instancia, interviene o modera nuestras acciones en el lugar de trabajo y en el hogar.

Particularmente, la inteligencia emocional puede ser utilizada para aprovechar las emociones en actividades cognitivas y resolver problemas. Se afirma entonces que con los niveles requeridos de inteligencia emocional una persona puede adaptar su actividad cognitiva a una determinada situación. Piense en un individuo que propicia pensamientos de resultados negativos como una forma de motivar el desempeño en el lugar de trabajo. El control absoluto de las emociones así como la generación de las mismas para el impacto en los procesos cognitivos se llevará a cabo en personas con alta inteligencia emocional. Por otra parte, aquellos con baja inteligencia emocional, tendrán dificultades para generar las emociones necesarias para influir en los procesos cognitivos en el desempeño en el lugar de trabajo o en cualquier otro contexto.

A nivel personal, la inteligencia emocional le permitirá comprender sus emociones. Al comprender sus emociones obtendrá el poder de manejar las mismas. Si usted presta una atención adecuada a los pensamientos y sentimientos, será más sencillo manejar las emociones. El manejo de sus emociones le liberará de reaccionar de manera volátil ante las situaciones. Un estallido emocional consume gran parte de la energía mental y física. Mediante la inteligencia emocional usted aprenderá a frenar las reacciones a eventos y emociones, teniendo la capacidad de discernirlas ante cada situación. Todo esto, aumentará su autoconfianza y asertividad en la vida, una vez aprenda a manejar sus emociones.

De este modo, la inteligencia emocional, hará que usted pueda comprenderse a sí mismo, descubriendo las áreas específicas que necesita mejorar. Solo puede trabajar en su debilidad si comprende las áreas en las que tiene dificultades. Afortunadamente, la inteligencia emocional abarca la autoconciencia, la cual es el proceso a través del cual una persona se comprende a sí misma. El reconocimiento de las emociones percibidas forma parte de las habilidades de conciencia emocional. Un ejemplo de esto ocurre cuando un estudiante se autoevalúa y se da cuenta que se siente incómodo al recibir cualquier forma de retroalimentación negativa, como ser reprendido o rechazado por el sexo opuesto.

Otro aspecto importante es que el desarrollo de la inteligencia emocional permite que un individuo comprenda el lenguaje emocional. La capacidad para reconocer correctamente el vínculo entre las emociones y las palabras, así como la clasificación de las emociones propias y ajenas es parte integral de la inteligencia emocional. Algunos individuos están dotados de la capacidad de utilizar el vocabulario correcto que corresponda con las necesidades emocionales del contexto. Esas personas se dan cuenta cuando están avergonzadas y probablemente expresen sus sentimientos utilizando un término apropiado. Aunque parezca solo otra discusión más sobre la comunicación efectiva, la habilidad para comprender el lenguaje emocional va más allá de los estándares de comunicación efectiva. En este caso, el comunicador deliberadamente busca comprender las emociones que generarán las palabras utilizadas a medida que expresa libremente sus sentimientos.

Quizás el mejor ejemplo de inteligencia emocional, fue el momento cuando el fallecido ex Secretario General de las Naciones Unidas, Koffi Annan, dirigió una negociación en Kenia mientras el país estaba experimentando una violencia postelectoral que casi escaló una guerra civil nacional. Cada una de las partes antagónicas estaba cargada de emociones y repetidamente intentaron desestabilizar la mentalidad Koffi Annan. Como mediador principal, Koffi Annan logró mantener la calma y trató de escuchar cada parte interviniente reconociendo sus frustraciones y otras emociones, al tiempo que permitió la manifestación de las emociones pero bajo control. Así entonces, la inteligencia emocional aumenta la capacidad de mantener la calma en un entorno cargado de emociones y esto otorga más control y valor.

Mediante la educación en inteligencia emocional, se aprende a emplear las estrategias necesarias de regulación emocional. Anteriormente señalamos la importancia de entender las emociones propias pero esto podría no resultar de ayuda si no se tiene la capacidad de implementar formas para manejar las emociones una vez sean identificadas. Afortunadamente, la inteligencia emocional abarca estrategias para el manejo de emociones particulares. Piense que usted se da cuenta que se altera emocionalmente cuando recibe comentarios negativos en público. Ahora que conoce su debilidad, necesitará una estrategia adecuada para manejar esa emoción. Empleando las competencias de inteligencia emocional como la autoconciencia, las habilidades sociales y el manejo de la ira, aprenderá a expresar de forma apropiada la emoción negativa.

Ejercicio

a. En sus propias palabras, describa tres maneras en las que el desarrollo de la inteligencia emocional resulta importante a nivel personal.

Gestión de la autoestima y de las relaciones

Es necesario destacar que, usted solo puede relacionarse adecuadamente con los demás si tiene la capacidad de relacionarse bien con su yo interno. La buena gestión de las relaciones debe comenzar internamente y extenderse al exterior. Al centrarse en sí mismo, la inteligencia emocional influye en sus acciones y pensamientos, debido a que sirven como refuerzo. Piense cuando está enojado y golpea la mesa, después de un tiempo reflexiona sobre la situación que le hizo golpear la tabla y probablemente se quejará o se sentirá emocional y físicamente agotado. Todos estos sentimientos y acciones se refuerzan mutuamente, extendiendo el ciclo. Se necesita inteligencia emocional para romper o manejar este ciclo.

Cuando una persona cuenta con los niveles requeridos de inteligencia emocional, mejorará la forma en que maneja o identifica las emociones, incluyendo la reacción a los sentimientos de los demás. Cuando nos volvemos emocionalmente estables, comenzamos a crecer, obteniendo una amplia comprensión de lo que somos y esto permite comunicarnos mejor que los demás. Solo es posible establecer relaciones más fuertes con los demás cuando tenemos los niveles requeridos de inteligencia emocional. Por ejemplo, practique identificar cómo se siente e intente vincular a cómo lo expresa. Es importante que deje que sus emociones se manifiesten en lugar de retenerlas.

Con una buena inteligencia emocional individual, usted comenzará a trabajar en sus habilidades sociales para mejorar la gestión de las relaciones. Al interactuar con las personas, debe tomar conciencia de sus emociones y reacciones, así como de las de los demás. El proceso de atender sus necesidades emocionales, así como reconocer las necesidades emocionales de los demás, es una parte crítica de la gestión de las relaciones. Los integrantes de un grupo quieren estar donde se sientan cómodos y respetados. Todas estas necesidades son altamente perceptibles, mediante el lenguaje corporal, la dicción y el tono de voz, y al igual que las acciones, tienen un impacto importante en las relaciones. Piense que le está comentando a su supervisor que no se encontraba bien y que este se encuentra ocupado escribiendo y escuchando música.

Otro aspecto importante de la autogestión y la gestión de relaciones es el manejo de la asertividad. . Ser asertivo no implica ser dominante sino simplemente dar a conocer su posición, buscando que otros la reconozcan y respeten. La asertividad en una relación puede ser una fuente de fricción cuando cualquiera de las partes no reconoce el concepto de asertividad. Piense en un individuo tratando de afirmar su opinión y la otra persona malinterpretando esto, asumiendo que el primer individuo busca hacer prevalecer su opinión a cualquier costo. Afortunadamente, la inteligencia emocional permite percibir las reacciones de la otra persona y tenerlas en cuenta al sostener sus puntos de vista.

Del mismo modo, ser consciente del comportamiento propio, constituye parte de la autogestión y la gestión de las relaciones. Si usted no es consciente de sus acciones, entonces no es consciente de cómo impactan en los demás. En una relación, siempre debe pensarse en cómo las acciones individuales afectarán a los demás. Mediante la inteligencia emocional, se aprende a reconocer y observar su comportamiento. A medida que practique, trate de notar el sentimiento particular y la reacción coincidente que expresa. La intención de este aspecto de la inteligencia emocional es tomar conciencia de las emociones y como se reacciona ante ellas, para gestionarlas mejor. Sus emociones individuales afectarán la relación con los demás.

Otro problema que puede afectar, tanto a uno mismo como a las relaciones, se refiere a reconocer y desechar estereotipos y sesgos arraigados. Honestamente, hemos arraigado estereotipos y prejuicios contra ciertas religiones, razas, sexos y lugares, y esto se manifiesta sutilmente en nuestras reacciones emocionales y en la comunicación, incluyendo los comportamientos. Es importante aprender a cuestionar las opiniones como una forma de auto evaluación para determinar cualquier estereotipo o sesgo. Una reacción emocional que muestra elementos de sesgos o estereotipos tensará significativamente sus relaciones con los demás ya que sus debilidades en relación a la inteligencia emocional se percibirán como intencionales, incluso cuando no lo sean.

Por último, pero no menos importante, ser responsable ante sí mismo y ante los demás. Asumir la responsabilidad de sus emociones, reacciones y acciones es fundamental para construir relaciones honestas y sostenibles. Aprender a ser responsable ante uno mismo antes de expresar la responsabilidad en un entorno grupal. Imagine que un colega le habló groseramente a un cliente pero dicho colega no quiere asumir la responsabilidad por la opinión negativa dada por el cliente y ahora todo el equipo de ventas de ese día debe asumir la culpa por un individuo. Sin lugar a dudas, esto causará tensión en el referido equipo de ventas.

Ejercicio

a. El autor afirma que una buena relación solo puede darse cuando cada individuo trabaja en su inteligencia emocional. ¿Estás de acuerdo o en desacuerdo con esta afirmación? ¿Por qué?

b. De ejemplos de su propia experiencia sobre cómo funcionó o no la autogestión y la gestión de relaciones.

La inteligencia emocional en el lugar de trabajo

Como resultaba predecible, la inteligencia emocional impacta de varias maneras en el lugar de trabajo. Una de las formas en que la inteligencia emocional influye en las empresas es que la referida inteligencia puede propiciar la toma de mejores decisiones comerciales. Tomar decisiones implica distintas técnicas de obtención de información y razonamiento grupal. La mayoría de las decisiones comerciales se toman a través de reuniones y estas requieren que cada participante se mantenga consciente de sus emociones y las de los demás, así como de sus reacciones. En un ambiente en el cual se aprecia y respeta a cada miembro, es probable que todos los miembros participen de manera activa y honesta en sesiones de lluvia de ideas que conduzcan a una visión rica y múltiple de los problemas sometidos a discusión. De esta manera, la inteligencia emocional se aplica para lograr que la reunión sea respetuosa y complaciente para todos. La otra forma en que la inteligencia emocional aumenta la calidad de las decisiones comerciales es mediante la previsión de cómo los destinarios de las decisiones reaccionarán y se comportarán, ajustando la decisión final de acuerdo a esto.

Además, es probable que los empleados con un umbral de inteligencia emocional actúen de forma decente y digna. Posiblemente los empleados con, al menos, un nivel promedio de inteligencia emocional sean complacientes, considerados y respetuosos al interactuar con sus pares y con el público. La inteligencia emocional requiere la determinación de las debilidades y actuar en consecuencia. Cuando un empleado reconoce sus prejuicios arraigados y busca formas de eliminar este sesgo, es probable que parezca de mente abierta y esto facilitará la interacción con diversos grupos. Al pensar en cómo se sienten o se sentirán los demás, un empleado podrá ajustar la dicción y la reacción para ser sensible a los demás. Los entornos de trabajo modernos son diversos, con diferentes etnias, géneros, afiliaciones religiosas y orientaciones sexuales por lo que se requiere un personal adaptable.

Igualmente importante es que los empleados con alta inteligencia emocional probablemente resuelvan conflictos de manera más exitosa en comparación con aquellos que no lo hacen. Los conflictos son inevitables debido a la naturaleza única del comportamiento humano y la mente humana. Un ambiente de trabajo diverso aumenta el riesgo de conflictos. Cuando se producen conflictos, es probable que los empleados con inteligencia emocional los resuelvan fácilmente, ya que las competencias de la inteligencia emocional requieren pensar en cómo se sienten los demás. Las habilidades de resolución de conflictos también se encuentran entre las competencias derivadas de la inteligencia emocional. La práctica de aprender a dejar de lado los prejuicios y considerar cómo se sienten los demás puede reducir significativamente las tensiones en una organización y todas estas son demostraciones de competencias de inteligencia emocional.

Además, los líderes que tienen una alta inteligencia emocional suelen manifestar una mayor empatía. Otro aspecto de la utilidad de la inteligencia emocional en el lugar de trabajo concierne a los líderes de equipo. Las acciones y reacciones de los líderes afectarán la productividad del equipo y, finalmente, la productividad general de la organización. Es probable que un líder con alta inteligencia emocional sea percibido como empático y esto podría mejorar el atractivo del líder para el equipo. Asimismo, tener un líder con alta inteligencia emocional, es importante ya que este podrá predecir el impacto de las nuevas pautas y cambios incluso antes que sean implementados y en consecuencia mejorará las posibilidades de éxito.

Así entonces, es probable que los empleados con alta inteligencia emocional reflejen, escuchen y respondan a las críticas constructivas. Debe destacarse que los empleados que presentan una alta inteligencia emocional plausiblemente se involucren en la auto reflexión, escuchen con atención y respondan a críticas útiles. La auto reflexión es esencial para la mejora continua de los empleados y en algunos profesionales está directamente relacionada con la calidad, como en el campo de la salud. La mayoría de las personas tienen dificultades para reaccionar a las críticas, incluso cuando tales críticas son constructivas. Afortunadamente, la inteligencia emocional prepara a cada persona para buscar y recibir comentarios y aprender de ellos. En este contexto, es probable que los empleados con altos niveles de inteligencia emocional mejoren al comprender y aprender de la crítica constructiva. En general, la productividad de la plantilla de personal de la organización mejorará cuando sus trabajadores exhiban altos niveles de inteligencia emocional.

Una de las maneras en que los empleados pueden mejorar su inteligencia emocional es mediante la autoconciencia. Tome nota de cómo se siente en el momento del día. Pregúntese cómo las emociones observadas impactan su respuesta. Es necesario que determine sus emociones y cómo influyen en sus actividades rutinarias. Haga una evaluación de sus debilidades y fortalezas emocionales. Por ejemplo, la ira es una emoción, pero la forma en que la expresa o la maneja puede ser una debilidad. En este contexto, las emociones negativas no son debilidades, sino la forma en que se reacciona ante ellas y como se manejan; por ejemplo golpear la mesa cuando está enojado, es una debilidad emocional. Permitir que la ira prolongue su estadía en su mente es una debilidad.

Ejercicio
a.   Utilizando dos o tres oraciones de una visión general sobre cómo la inteligencia emocional influye en los lugares de trabajo.
b.   ¿Por qué cree que la inteligencia emocional es crucial en un entorno de trabajo diverso?

La inteligencia emocional y las relaciones

Cuando se aplica a las relaciones, la inteligencia emocional mejorará el valor y la experiencia de las relaciones. Una de las formas en que la inteligencia emocional impacta las relaciones es que le permite al individuo leer las emociones de los demás. Como se indicó anteriormente, las relaciones saludables florecen cuando aprendemos a reconocer y respetar las emociones de otros. Reconocer las emociones de los demás les hace sentir que nos importan y que estamos conectados en varios niveles. Las habilidades para reconocer las emociones de otros involucran competencias de inteligencia emocional que incluyen la autoconciencia y la regulación emocional, entre otras. Piense en formar parte de un grupo donde los sentimientos de cada miembro son reconocido y respetados. Los miembros de ese equipo se sentirán conectados, apreciados y libres entre ellos.

En segundo lugar, las personas emocionalmente inteligentes escucharán para comprender y manejar sus emociones individuales. Entenderse a sí mismo y al otro es parte integral de las competencias de inteligencia emocional. Aprender a escuchar con empatía permite captar el tono y el estado de ánimo de la comunicación, comprendiendo el mensaje a profundidad. Comprender el mensaje que se comunica es vital para reconocer cómo se siente la otra persona y respetar el sentimiento en lugar de juzgarlo. Sin embargo, mientras se escucha activamente, es posible que las emociones se activen y esto requiere un manejo efectivo de las mismas. Piense en escuchar a un colega quejándose del supervisor, sin saber que este fue su compañero de clase. En este ejemplo, mientras escucha activamente, es probable que sus emociones individuales afloren y resulta vital que las maneje.

En tercer lugar, la inteligencia emocional le permitirá comprender que sus pensamientos desencadenan emociones y manejar los pensamientos ayuda a regular las emociones. La mayoría de las personas pasan por alto el poder de sus pensamientos para desencadenar emociones y reacciones emocionales posteriores. Nuestras emociones son una función de nuestros pensamientos y saber esto implica la posibilidad de controlar nuestras emociones manejando nuestros pensamientos. Para cada uno de nosotros, es más fácil controlar los pensamientos antes de que se conviertan en emociones. Las emociones requieren una liberación completa para restablecer el equilibrio, pero con los pensamientos, podemos interrumpirlas de manera segura sin dañar significativamente el equilibrio de la mente. En este sentido, deben comprenderse los pensamientos y activarse estrategias para manejar dichos pensamientos antes que se conviertan en emociones. Por ejemplo, si usted considera que no tiene valor y que no es valorado en el lugar de trabajo, probablemente se sienta perturbado y se retraiga.

En cuarto lugar, una persona emocionalmente inteligente reconocerá que existe un vínculo entre las acciones propias y las reacciones emocionales de otras personas. La forma en que reaccionamos influye emocionalmente en nuestras acciones. La existencia de esta relación debería motivarnos a manejar nuestras emociones para mejorar la forma en que nos comportamos, ya que esto afecta a los demás. Usando el mismo ejemplo en el que se siente perturbado, es factible que camine continuamente, se sienta inquieto y no escuche a quienes intentan hablar con usted. Resulta plausible que quienes lo rodean se sientan ignorados o noten que está agitado. Su reacción puede continuar afectándolos, ya que podrían evitar llevar un informe a su escritorio o podrían reunirse informalmente para descifrar lo que le está molestando. La conclusión de este argumento es que nuestras emociones y acciones individuales pueden tener un efecto réplica negativo o positivo en aquellos con quienes nos relacionamos.

En quinto lugar, determine qué lo calma y utilícelo. Cuando se trata de aplicar inteligencia emocional en una relación, es importante descubrir qué funciona para usted y utilizarlo tan a menudo como sea posible. Usando el ejemplo de la agitación, a algunas personas, caminar les ayuda a calmar la ira. Otras cuando están agitadas y en casa prefieren bailar. El atributo común de lo que le ayuda a calmar una emoción es que involucra otra actividad que lo distraiga de los pensamientos y convierta la energía emocional en física. En la mayoría de los casos, tratar de convertir la energía emocional en energía física funcionará, pero desafortunadamente cuando se trata de actividades que involucran daño, este enfoque podría no ser ético o criminal en el peor de los casos.

En sexto lugar, preste atención a la conciencia social para permitir el control de sus pensamientos a largo plazo. Dado que sabemos que los pensamientos desencadenan emociones, el enfoque central al manejar las emociones debe estar en los pensamientos. Una profunda revisión del problema nos hace concluir que el medio ambiente influye en nuestros pensamientos mediante experiencias pasadas, desencadenantes ambientales y el contexto de la situación. Por esta razón, la conciencia social es esencial para manejar los pensamientos y eventualmente gestionar las emociones que conducen a relaciones saludables. Si usted posee conciencia social, entonces tiene un control significativo de sus pensamientos y, en consecuencia, de sus emociones.

Ejercicio
a. El autor hace una afirmación interesante acerca que una de las formas efectivas de administrar la energía emocional es convertirla en energía física. Por ejemplo, cuando se siente decepcionado, usted puede correr por la pista para desviar su mente del pensamiento negativo y la emoción correspondiente. ¿Está de acuerdo? Si no, ¿por qué?

Capítulo 2: La Aplicación de la Inteligencia Emocional

Manejo de los impulsos

Un pensamiento o emoción repentina, que resulte abrumador se conoce como un impulso. Cuando se trata de la inteligencia emocional, un impulso es una emoción irresistible. La regulación de un impulso implicará buscar aumentar o disminuir la intensidad de la emoción deliberadamente, así como comprometerse a no actuar por un deseo. Las habilidades necesarias para manejar un impulso incluyen la capacidad de decisión y control de hacia dónde dirige la atención. Recuerde que nuestras emociones se originan en nuestros pensamientos y esto implica que aprender a controlar los pensamientos conllevará un mejor manejo de las emociones. Puede dirigir su atención a determinados pensamientos o alejarla de ellos, como una forma de manejar los impulsos. En este sentido, aprender a tomar una decisión y administrar hacia donde dirige su atención conllevará a una mejor gestión de los impulsos.

Adicionalmente, debe aprenderse como detener la tentación de actuar por deseo. Para ello, debe desarrollarse la conciencia emocional y social. Una de las formas para desarrollar la conciencia emocional es crear un diario de emociones específicas y cómo reaccionó ante ellas. Llevando un diario de las emociones frecuentes y cómo se manifiestan, se puede desarrollar una intervención destinada a ralentizar o detener los factores desencadenantes que causan esa emoción. Si se siente irritado en ciertos días y logra determinar las causas subyacentes, entonces es aconsejable controlar esos factores en lugar de controlar la reacción posterior. El deseo es dejar que se manifieste toda su ira, mientras que la intervención sugerida es desalentar a su mente y disfrutar del control total de la emoción. Esta medida es aprendida mediante la práctica durante un período de tiempo considerable.

De igual manera, es necesario pensar en cosas que le calmen cuando se sienta muy susceptible. Cuando se sienta eufórico o irritado, se sugiere que desvíe su mente a pensamientos que la calmen. Al intervenir de esta manera, es probable que deba apartarse temporalmente del presente para llevar la mente a experiencias pasadas que le generen calma. Por ejemplo, puede pensar en el momento en que ganó su equipo favorito y saltó para celebrar para así tener la capacidad de recuperarse ante una situación decepcionante. Por otro lado, puede llevar su mente a una experiencia pasada en la que estaba emocionado y comenzó a gastar hasta que esto le causó problemas para cubrir sus gastos cotidianos, cuando se sienta entusiasmado por recibir un aumento salarial. Lo importante aquí es aprender a desviar su mente hacia cosas que la calmen cuando esté muy excitado o irritado.

En consecuencia, es importante y crucial para combatir los impulsos, desarrollar adaptabilidad demostrando flexibilidad al enfrentar situaciones cambiantes. Las dificultades para manejar los impulsos sugieren que el individuo tiene dificultades para permitir el ajuste entre la mente y el cuerpo. De este modo, permitir impulsos resulta tentador como una forma de dejar que los deseos del cuerpo y la mente triunfen y consume menos energía mental. Por fortuna, aprender a ser adoptable y flexible en los pensamientos y acciones, aumentará sus competencias para manejar los impulsos. Por ejemplo, en lugar de expresar siempre su enojo por sentirse decepcionado, puede aceptar que a veces uno debe ser ridiculizado. Una vez que usted da un espacio para otros resultados y reacciones ante una emoción específica, puede salir de manera segura del colapso emocional mediante la selección de la acción menos desfavorable.

También es necesario que usted desarrolle un conjunto de valores que lo ayuden a controlar sus deseos. Es importante el desarrollo de un conjunto de valores y principios que guíen al individuo en cualquier situación. En resumen, al tener un conjunto de valores, se entrena la mente para aprender a actuar de una determinada manera, que podría ser contraria a los impulsos. Por ejemplo, si uno de sus valores es mantener la calma ante cualquier situación, entonces está entrenando su mente para aceptar decepciones y procesar la ira de una manera civilizada. En este sentido, desarrollar un conjunto de valores, ayuda a demarcar el límite de los impulsos y establece el camino para desarrollar la conciencia emocional y la autorregulación.

Ejercicio
a. Haga una lista de tres impulsos que usted enfrenta o ha enfrentado.

b. Sugiera formas en que usted pueda mejorar el manejo de estos impulsos utilizando las competencias de inteligencia emocional.

c. En segmentos anteriores del libro, el autor alentó la expresión de las emociones al argumentar que las emociones son una forma de energía y que debe ser disipada para ayudar a restaurar el equilibrio emocional de la mente. Sin embargo, en este segmento, el autor sugiere que los impulsos deben controlarse. La razón principal de este argumento es que los impulsos son aspectos individuales de las emociones, ya se pierde temporalmente cualquier forma de control de la emoción. ¿Está de acuerdo con esta afirmación? ¿Por qué?

Manejar las dificultades y los contratiempos

Las situaciones de dificultad siempre existirán porque en algún momento debemos tomar riesgos así como también hay factores externos que se escapan de nuestro control. Una de las formas efectivas para manejar los contratiempos, es evaluar la situación evitando circunstancias que activen emociones adversas. Por ejemplo, si se siente agitado cuando se acerca una fecha límite, se sugiere comenzar a planificar y trabajar con anterioridad, dividiendo el trabajo en módulos. Puede ir más allá e informar a sus colegas que los plazos cortos podrían hacerle reaccionar negativamente. Siempre que sea posible, cambie de entorno para alejarse de los detonantes, especialmente cuando estos no son seres humanos. Si está bajo presión para completar una tarea, un ambiente ruidoso puede agravar su reacción emocional ante la situación. Cambiar el entorno o tratar de eliminar el ruido, en este caso, podría mejorar su manejo de la próxima fecha límite.

En segundo lugar, aprenda a adaptarse a la situación. La principal razón para esto es que no siempre tenemos la capacidad de controlar el entorno. Para situaciones que no podemos controlar, aprender a adaptarse es útil para evitar una reacción emocional negativa. Por ejemplo, si lo despiden del trabajo, es importante que no se quede atrapado luchando contra la decepción para siempre. Sería útil ajustar su mente y estilo de vida a su nuevo estado de persona desempleada. Con este ajuste, resultará mucho más fácil comenzar a reconstruir sus ambiciones y su vida. Las personas que no tienen la capacidad de aprender y desaprender podrían presentar dificultades para adaptarse a situaciones que aumenten la probabilidad de reacciones emocionales adversas. Sin embargo, existen algunas situaciones en las que incluso las personas con alta inteligencia emocional pueden tener dificultades para adaptarse, como el duelo o el divorcio.

También es importante aprender a redirigir su enfoque. Es humano querer sobresalir y ser tomado en cuenta entre las personas influyentes. Por esta razón, nuestras mentes tienden a centrarse en las ambiciones o en lo que consideramos la vida ideal. La carga permanente en la mente para procesar solo noticias y deseos positivos aumenta la inquietud y la incapacidad de reconocer y procesar comentarios negativos en las interacciones cotidianas. Por ejemplo, usted compitió en una actividad deportiva y su equipo fue descalificado. Todos los miembros del equipo se sienten decepcionados, pero usted también está enojado con uno de los miembros del equipo que se presentó tarde al entrenamiento y cree que podría haber tenido un mejor desempeño. Cada vez que deja que su mente divague sobre las posibilidades de lo que habría sido de su equipo de no ser por ese miembro, sus emociones negativas se acentúan.

Tomando en cuenta las estrategias anteriores en el manejo de contratiempos, los pensamientos van cambiando. Como se indicó anteriormente, los pensamientos impactan las emociones y eventualmente la reacción emocional. Si bien parece fácil, cambiar los pensamientos podría ser un desafío. Cambiar los pensamientos requiere dejar que la mente suelte algo que está tratando de resolver. Afortunadamente, mediante la reevaluación cognitiva es posible reemplazar los pensamientos adversos con pensamientos constructivos. Además, al aprender a relajar la mente, aumentan sus habilidades para manejarse en situaciones difíciles. Es posible que apegarse a los pensamientos negativos pueda vincularse con problemas de autoestima, pero todos tendemos a lidiar con los pensamientos negativos como una forma de resolver una situación desafiante. Con una buena práctica, usted aprenderá a dejar ir los pensamientos negativos reemplazándolos con pensamientos positivos.

A veces todo puede fallar y en ese caso, el control emocional es la mejor medida. En esta estrategia, el individuo se enfoca en manejar las emociones que se manifiestan. Por ejemplo, usted no puede evitar un episodio de ira, por lo que se concentra en manejar la ira que va creciendo, alejándose, yendo al baño, tocando música o informando a la otra persona que tomará un descanso porque está irritado. Algunas personas manejan la ira sentándose, cambiando las expresiones faciales o bajando y subiendo las escaleras. Debe destacarse que, la regulación emocional puede darse tanto para emociones positivas como negativas. Estar muy exaltado puede hacer que sea difícil continuar con una discusión y usted debería pensar en cómo se comportan los ganadores de premios musicales o loterías. Piensa en alguien que no puede parar de reír cuando todos los demás están tristes.

Ejercicio

a. Collins trabaja en uno de los principales exportadores de gafas. Debido a la naturaleza de los productos, la empresa tiene una rutina de trabajo estricta. Collins es el supervisor de un equipo de 14 personas. Cuando el equipo no procesa los pedidos a tiempo y el cliente amenaza con cancelar el pedido, Collins se pone ansioso, agitado y, a veces, casi abusivo. A partir de esta narrativa, ¿identifica la situación desafiante? Asumiendo que los retrasos en el procesamiento no pueden eliminarse por completo, ¿cómo puede Collins mejorar su reacción ante los contratiempos? ¿Cómo pueden los empleados que trabajan bajo el mando de Collins mejorar la forma en que manejan la situación desafiante en la cual su jefe podría no entender que no tienen la culpa?

Manejar el estrés y la ansiedad

Primero, identifique el origen del estrés. Como con cualquier problema, solo puede desarrollar una solución efectiva cuando comprende el detonante de su estrés. Aunque parezca una labor sencilla, no lo es. Algunos de los principales factores estresantes incluyen mudarse, cambiar de trabajo, divorciarse o aumentar la carga de trabajo, ya sea en casa o en la oficina. Uno de los aspectos que contribuyen al estrés y que pasamos por alto son nuestros pensamientos, comportamientos y sentimientos individuales que aumentan los niveles de estrés cotidiano. Por ejemplo, podría no ser el trabajo lo que estresa, sino el miedo a no cumplir con ese trabajo. Una estrategia efectiva para determinar la fuente de ansiedad es llevar un diario de las emociones y las reacciones correspondientes. A partir del diario personal de sus emociones, tendrá la oportunidad de evaluar su ansiedad y los desencadenantes.

En segundo lugar, acepte que tiene estrés y ansiedad. El segundo paso fundamental en el manejo del estrés es reconocer que lo tiene. La mayoría de las personas con estrés y ansiedad rara vez aceptan que tienen el padecimiento hasta que el mismo avanza. Parte de esta renuencia a aceptar el estrés y la ansiedad se debe a que se toma como una forma de debilidad mental y una incapacidad para hacer frente a situaciones exigentes. Todos estos estereotipos apuntan a señalarlo como inútil porque todos los lugares de trabajo presentan situaciones exigentes. Sin embargo, el estrés y la ansiedad no son debilidades, sino una demostración que el circuito de retroalimentación de su cuerpo está funcionando.

En tercer lugar, reconozca y acepte su papel en la generación de estrés y ansiedad. Otra falla en el manejo del estrés y la ansiedad es culpar a las situaciones y personas ajenas a nosotros. En realidad es que nosotros participamos en provocar el estrés y la ansiedad. Por ejemplo, si no se planifica el trabajo durante la temporada alta, posiblemente deba enfrentarse una mayor carga de trabajo en un período de tiempo corto. Si no se incorpora a espacios sociales, es probable que acumule emociones que puedan precipitar la ansiedad. Cuando reconozca el papel que usted mismo desempeña en la generación de estrés y la ansiedad, se comprometerá a mejorar esto para obtener resultados positivos en relación al manejo de la ansiedad.

En cuarto lugar, aun tomando las medidas anteriores, es importante que mantenga un diario de estrés. El propósito del diario de estrés es ayudarle a identificar los desencadenantes cotidianos del estrés en su vida y la forma en que usted interviene. Es probable que note que, en la mayoría de los casos, rara vez interviene ante estos factores estresantes o aplica consistentemente intervenciones ineficaces. El otro objetivo de un diario de estrés se trata de ayudarle a desarrollar un plan de intervención efectivo a largo plazo después de determinar la naturaleza de los factores desencadenantes del estrés y cómo reacciona normalmente ante el estrés. Si bien esta sugerencia parece fácil de implementar, la mayoría de las personas no suelen sentirse motivadas a escribir uno de sus momentos desafiantes, pero después de varios intentos, logran llevar un diario de estrés.

Además, debe evitarse el estrés y la ansiedad innecesarios. Después de identificar las fuentes de estrés en su vida, es probable que reconozca que no todas estas fuentes son necesarias. Por ejemplo, no es necesario estar demasiado preocupado por su productividad en el lugar de trabajo si planifica y comprende bien sus tareas laborales. Si aprende a dejar ir los pensamientos de decepción y acepta que no todos podemos alcanzar el mismo nivel al mismo tiempo, comenzará a enfocarse en los aspectos positivos de su vida. Si define sus límites y los afirma, podrían aliviar algunas de las presiones. De hecho, el estrés no es completamente evitable, pero no todo el estrés es necesario. Por ejemplo, puedes elegir evitar a las personas que le cansan emocionalmente.

Por último, pero no menos importante, gestione su entorno. El entorno contribuye con una parte importante a su estrés y ansiedad, pero puede manejarse de forma limitada. Por ejemplo, si las noticias de la noche le ponen nervioso, puede apagar la televisión. Si el tráfico le agita, puede salir de la casa antes de lo acostumbrado o usar una ruta diferente. Otra forma de manejar los factores ambientales que desencadenan el estrés es hacer una lista de tareas pendientes, cómo las cumplirá y lo que sucede cuando no puede. En esencia, está diseñando un plan de acción, así como un plan de contingencia.

Ejercicio

a. A veces es difícil prevenir una situación estresante. En este caso, debería considerar alterar la situación para aumentar las posibilidades de calmar la ansiedad o el estrés. A partir de sus experiencias pasadas, enumere dos momentos en los que sintió estrés que no podía sortear y cómo lo superó.

En el lugar de trabajo

La inteligencia emocional es crucial en el lugar de trabajo en diversos sentidos. Una de las formas en que la inteligencia emocional es útil en el lugar de trabajo es para ayudarnos a comprender nuestras emociones y cómo afectan a los demás. Algunas personas no identifican sus emociones y esto les dificulta manejarlas, así como reconocer cómo sus reacciones impactan a los demás. Afortunadamente, la inteligencia emocional puede ayudar a un empleado a reconocer sus emociones y auto regularse para evitar que sus emociones sean una carga. Los entornos laborales se están volviendo cada vez más diversos y es importante que reconozcamos nuestras emociones y cómo su manifestación impactará a las personas de otras etnias, género, orientación sexual o religiones. Por ejemplo, si estás enojado y expresas ese enojo cuando hablas con un grupo minoritario, podrían interpretar su reacción emocional como un menosprecio a ellos o sus esfuerzos.

Además, la inteligencia emocional permite a los trabajadores desarrollar habilidades sociales. Los empleados trabajan principalmente con otros y con el público. La inteligencia emocional es un presupuesto de la inteligencia social. Los trabajadores que usan la inteligencia emocional, pueden visualizar cómo se siente la otra persona y ajustar la comunicación para que sea considerada pero efectiva. En ausencia de inteligencia emocional, a un empleado no le importaría mucho cómo se siente la otra persona y muestra su carencia de habilidades sociales. Podría argumentar que contar con una alta inteligencia emocional predispone a desarrollar habilidades sociales que son admiradas en los lugares de trabajo. Piense en un ingeniero altamente calificado que se considere temperamental y la mayoría de los trabajadores eviten involucrarlo en temas desafiantes. Los entornos de trabajo están segmentados y cada categoría de empleados debe interactuar sin esfuerzo con otros dentro la organización.

Adicionalmente, la inteligencia emocional puede ayudar a los empleados a comprender sus acciones ante los clientes y el público en general. Cuando los empleados entiendan cómo se sentirá el público, actuarán de manera considerada. Piense en un empleado que entiende que desarrollar una solución ineficaz irritará al cliente; Es probable que dicho empleado trabaje diligentemente para ofrecer una solución efectiva a los clientes. Del mismo modo, es probable que los empleados con una alta inteligencia emocional se relacionen bien con los clientes al escuchar con empatía y hablar con consideración. A partir de estos ejemplos, la inteligencia emocional ayuda a humanizar las acciones de los empleados, dándole a la organización un rostro humano. Piense en las empresas que lo tratan con respeto y se muestran dispuestos a escuchar y actuar de acuerdo a sus opiniones.

Otro aspecto importante de la inteligencia emocional es que puede ayudar a mejorar la comunicación cotidiana. Los empleados siempre están involucrados en la comunicación en sus entornos laborales. Es mediante esta forma de comunicación que algunos empleados se sienten incómodos y ofendidos por sus colegas. La incomodidad puede convertirse fácilmente en disgustos entre compañeros y afectar la productividad. Sin embargo, con inteligencia emocional, los empleados aprenden a leer los sentimientos de los demás e incluso predicen cómo reaccionarán sus colegas ante determinada noticia. Utilizando la inteligencia emocional, el emisor ajustará o detendrá la comunicación si incomoda a otros. Piense en uno de sus colegas burlándose de los musulmanes sin saber que sus suegros son musulmanes y preguntándose por qué parece no estar interesado en la broma.

Para los líderes, la inteligencia emocional puede ayudarlos a cultivar su empatía. Es probable que un líder con altos niveles de inteligencia emocional sea percibido como un líder atento y accesible. Un líder empático escucha las emociones de la audiencia y presta atención al valor emocional de la comunicación. En pocas palabras, un líder con gran inteligencia emocional es un líder que escucha y es probable que los miembros del equipo se sientan valorados en dicho entorno. Ahora piense en un líder al que no le importa cómo se sienten los demás cuando se comunican. Es probable que los miembros de dicho equipo se sientan infravalorados y desmotivados. La ventaja de tener un equipo motivado es que hay menos necesidad de supervisión y la rotación de empleados es baja.

Igualmente importante es que la inteligencia emocional es fundamental para resolver conflictos. Como se indicó anteriormente, los conflictos son inevitables en los lugares de trabajo. Con una mayor diversidad en el entorno laboral, la frecuencia de los conflictos solo aumentará. Afortunadamente, con una inteligencia emocional que explora la autorregulación, la conciencia emocional y las habilidades sociales, es probable que la comunicación de cada empleado con el otro sea respetuosa. Cada vez que los empleados no están de acuerdo, es probable que vean la razón del desacuerdo en lugar de generar una crisis. La demostración de emociones en un lugar de trabajo diverso puede agravar los conflictos, ya que la comunicación y las acciones pueden malinterpretarse como discriminatorias. La inteligencia emocional es un instrumento esencial para calmar las tensiones antes que se conviertan en conflictos.

Ejercicio

a. La inteligencia emocional se aplica ampliamente en el lugar de trabajo, para mejorar las interacciones entre los empleados, mejorar la relación dentro de la organización y con los clientes, para aumentar la efectividad de un líder y para calmar los conflictos. Elija una de estas áreas y describa cómo la inteligencia emocional puede ayudar a mejorar el entorno laboral o el lado humano de la organización.

Habilidades para sobrellevar el trauma

El trauma surge cuando se atraviesa un evento perturbador y se siente agobio. Por ejemplo, las situaciones cercanas a la muerte y la tortura pueden desencadenar traumas. El trauma debe ser reconocido y visto como un evento de estrés agudo. Como cualquier problema de salud mental, el primer paso para manejarlo es aceptar que está presente. Es posible que varias personas afectadas no acepten que sufren un trauma o no entiendan que tienen un trauma. El primer paso frente al trauma es ayudar al individuo a reconocer que está sufriendo un trauma. Como se indicó anteriormente, la mayoría de las personas tienen una visión negativa de cualquier problema de salud mental, por cuanto se considera que tiene una debilidad. Es importante subrayar que el trauma es una forma en que la mente se obliga a buscar el cierre de una experiencia perturbadora para restablecer el equilibrio.

En segundo lugar, tome en cuenta los factores desencadenantes que empeoran el intenso miedo que experimenta. Por ejemplo, quedarse solo, ruidos fuertes y sobresaltarse por movimientos bruscos. Al igual que el estrés y la ansiedad, el trauma tiene detonantes que debemos identificar. Por ejemplo, si le dispararon en un ambiente ruidoso, cada vez que escuche o entre en un ambiente ruidoso, su mente le ayudará a superar el espantoso evento pasado. Es importante comprender que su mente está tratando de protegerse del daño activando la reacción extrema que exhibió cuando su vida era amenazada. De esta manera, hacer frente al trauma es una forma de minimizar la memoria desagradable para permitir que su mente deje de tratar cualquier perturbación menor como una amenaza potencialmente grave para su vida.

En tercer lugar, tenga en cuenta sus reacciones cada vez que reviva la experiencia traumática, como la falta de sueño, la culpa, la retracción hacia uno mismo y la ira. Con el tiempo notará que reacciona de manera diferente a cada detonante de su trauma. Por ejemplo, puede bloquear físicamente su entorno cada vez que escuche movimientos afuera. Otras personas pueden gritar inadvertidamente cuando un automóvil se acerca repentinamente. Intente escribir cada detonante y su reacción. Por ejemplo, podría escribir "Movimientos afuera: cerré la puerta apresuradamente y me quedé callado". Tomando el ejemplo anterior, el desencadenante para revivir el trauma fueron los movimientos afuera y su reacción cerrar la puerta. Al mantener un diario de desencadenantes y cómo reaccionó, tendrá la información adecuada que le ayudará a diseñar una forma de intervenir para manejar el trauma.

Cuarto, diseñe un plan para manejar las reacciones emocionales. Antes de trabajar en la causa subyacente, es importante manejar las manifestaciones emocionales, ya que pueden ser un peligro para sí mismo y para los demás. Es importante diseñar un plan de intervención para controlar la reacción ante los desencadenantes, ya que parte esta reacción puede ser peligrosa. Piense en cada vez que escuche una explosión, su instinto es saltar debido a la horrible experiencia pasada con un pistolero. Una persona con esta reacción puede hacerse daño si está parada cerca de un balcón o en cualquier otro lugar donde el movimiento impulsivo pueda representar un peligro. Un plan de intervención inmediata debe centrarse en disminuir la intensidad de la reacción de una persona que sufre un trauma.

Quinto, diseñe una intervención para manejar el evento traumático subyacente. Para una solución a largo plazo, es importante abordar la causa subyacente. Debe comenzarse por evitar que la persona se culpe a sí misma por ante el peligro. A las víctimas de traumas les lleva tiempo dejar de culparse. La tentación de la víctima por culparse a sí misma, evitar que emprenda una búsqueda de justicia que le recuerde las circunstancias que llevaron a la terrible experiencia. En algunas oportunidades, puede ser necesario propiciar ocasiones que ayuden al individuo a recrear la situación para ganar resistencia mental. En otras oportunidades, puede requerirse extraer al individuo del entorno para eliminar los recuerdos físicos del desafortunado incidente.

Por último, enfrente las situaciones vinculadas a eventos traumáticos de forma gradual pero exhaustiva. Si bien es importante abordar los factores subyacentes que llevaron al trauma, también es importante abordar otros problemas relacionados con el desafortunado evento. Por ejemplo, suponga que Richard fue asaltado por ladrones armados en su casa, una semana después de mudarse a un nuevo vecindario. Después de abordar las circunstancias directamente relacionadas con el desafortunado incidente, también es importante afrontar otros problemas que podrían haber precipitado el incidente, incluidos aquellos sobre los que Richard no tiene control. Por ejemplo, Richard tiene una naturaleza muy social que incluye invitar a nuevos conocidos y hacer publicaciones sobre los muebles de su casa en las redes sociales. Se debe tener cuidado al afrontar las situaciones que causaron los eventos traumáticos para no dar la apariencia que juzga evento.

Ejercicio

a. Recuerde cualquier película que presente un evento traumático para un personaje principal. ¿Cómo reaccionó o actuó el personaje principal frente a la situación?

b. Busque en Internet y lea sobre los sobrevivientes de los ataques terroristas del 11 de septiembre en los Estados Unidos que están lidiando con el trauma.

Habilidades para sobrellevar las reacciones

Hacer frente a las reacciones emocionales se refiere a cómo y cuándo manifestar las emociones que sentimos. Primero, tome conciencia de sus emociones. Para manejar las emociones, debe comprender y reconocer las emociones sabiendo por qué se siente así. Al comprender sus emociones, logrará entender por qué reacciona de la manera en que lo hace. Cabe destacar que, la mayoría de las personas asumen que saben o no necesitan conocer sus emociones. Si no reconoce que la emoción que está experimentando es la ira, no entenderá por qué grita, se aleja o golpea la mesa. La falta de conocimiento de las emociones, conllevará dificultades para manejar la reacción. Mantener un diario de emociones puede ayudar a comprender la frecuencia y el tipo de emociones que se manifiestan y conducir a mejores mecanismos para afrontarlas.

En segundo lugar, aprenda a expresar con seguridad sus emociones. Las emociones son una forma de energía y encerrarlas no ayudará. Es importante aprender a expresar de forma adecuada sus emociones. Por ejemplo, el autor sugirió que la mejor manera de manejar las emociones es convertirlas en energía física a partir de energía emocional. De esta manera, cuando su ira comience a aumentar, puede bailar, lavarse la cara continuamente o salir a caminar. Sin embargo, en realidad, no siempre tendrá la oportunidad de convertir la energía emocional en energía física por lo que se requieren otras formas de manejar las reacciones emocionales. Una de las formas de lograr hacer frente a una reacción es anticipar la emoción y definir la reacción, tomando en cuenta el límite la misma.

En tercer lugar, busque retroalimentación y mejore. Al igual que con cualquier proceso de aprendizaje, debe buscar información sobre su inteligencia emocional y comprometerse a aprender. Por ejemplo, puede pedirles a sus colegas que califiquen su temperamento. Cuando solicite comentarios, es importante no ver la información dada como un perfil. Los colegas simplemente le brindan información basada en la forma en que interactúa con ellos. Si sus colegas dicen que es temperamental, no los juzgue ni justifique su temperamento. La intención de obtener retroalimentación es conocer las opiniones de otras personas y buscar formas de remediar las deficiencias sugeridas. Tomando en cuenta la información solicitada, use la inteligencia emocional para trabajar en sus áreas débiles que incluyen no sentirse interesado en la conversación de los demás.

En cuarto lugar, establezca múltiples opciones y evalúe cuál es beneficiosa. La mayoría de las personas no se dan cuenta de que tienen una opción cuando se trata de reacciones emocionales. Por ejemplo, no necesita responder a cada opinión hecha en su contra. A veces solo necesita reconocer que su personalidad y su entrega son diferentes aunque relacionadas. Las críticas a su desempeño no significan necesariamente que lo están criticando a usted. Cuando se enfrenta a una reacción airada por el trabajo que realizó, puede elegir procesar la retroalimentación como un juicio a su trabajo o a su personalidad. Si tiene esto en cuenta, se dará cuenta que no necesita reaccionar como lo hace en la mayoría de las circunstancias. Además, puede optar por sustituir la ira por un sentimiento positivo.

Quinto, aprenda a desaprender. Una de las competencias que se pasan por alto es la capacidad de desaprender. La mayoría de las personas pueden aprender pero no desaprender. La capacidad de desaprender le permite reestructurar pensamientos, emociones y reacciones. Los altos niveles de superación pueden manifestarse en personas que desaprenden. Nuestras reacciones emocionales son impulsivas y se necesita un esfuerzo mental para abandonar la conveniencia de manifestar nuestros sentimientos. Resulta predecible, gritar o llorar cuando se está enojado y esto le hará sentir en paz, pero no son las reacciones más apropiadas en un entorno laboral. Hacer frente a las reacciones no debe interpretarse erróneamente como embotellar emociones, sino más bien expresarlas de manera adecuada, teniendo consideración con los demás. La intención de esta estrategia es instarlo a desaprender la reacción impulsiva a las emociones negativas, como gritar o golpear la mesa.

Finalmente, explique sus reacciones. Es importante tomar responsabilidad de las reacciones que muestra frente a sus emociones. Al ser responsable de sus reacciones, apreciará su valor y carga y buscará maximizar su valor positivo, minimizando su costo. Una reacción emocional tiene valor y costo. Cuando está enojado y grita a los demás, el valor de la reacción es que rápidamente disipa su ira y el costo de la reacción es que se muestra volátil y otras personas se sentirán incómodas al estar a su alrededor. La mayoría de las personas culpan a las situaciones u otras cosas en lugar de asumir responsabilidades por la forma en que reaccionaron.

Ejercicio
a. ¿Cómo maneja la decepción cuando está solo?

b. Del mismo modo, ¿cómo maneja la desilusión cuando está con otros?

Capítulo 3: Reconocer las emociones

Emociones comunes y negativas en el lugar de trabajo.

Envidia

Una de las emociones comunes en el lugar de trabajo es la envidia y se permite su manifestación a medida que cada uno de nosotros admira su demostración Se permite que los seres humanos alimenten y persigan ambiciones en su vida cotidiana. Sin embargo, sentirse incómodo con el logro de los demás puede afectar tanto mental como físicamente, este sentimiento es la envidia. Como cualquier otra condición mental, las personas que manifiestan envidia rara vez aceptan que tienen una emoción negativa. Es probable que la envidia afecte negativamente el entorno laboral. Aunque un poco de envidia ocasional puede ser bienvenida para propiciar mejoras y esfuerzo, si no se maneja se convierte en una emoción adversa. Dado que en los lugares de trabajo evalúan a los empleados, es probable que estos individualmente aspiren a lograr más como sus colegas y esto puede generar sentimientos de envidia.

Así entonces, la envidia puede reconocerse cuando usted persistentemente siente que merece la recompensa otorgada a sus colegas. Aunque los sistemas en el lugar de trabajo pueden no ser siempre justos, en la mayoría de los casos capturan de cerca la configuración natural de la organización y los aportes tanto individuales como grupales. Se espera que algunos empleados, especialmente los de baja calificación en términos de productividad o personalidad, se sientan incómodos con el sistema de clasificación de la organización. Sin embargo, el sentimiento de resentimiento se convierte en envidia cuando persistentemente se siente merecedor de la recompensa sobre los ganadores actuales de la recompensa. Si se hace difícil dejar de lado este sentimiento durante días o meses, entonces es probable que usted tenga envidia y esto afectará negativamente su desempeño en el lugar de trabajo.

Además, cuando se alimentan los pensamientos de trabajar solapadamente para molestar al candidato que parece sentirse realizado en el trabajo, entonces se manifiestan sentimientos de envidia. Si es controlada, la envidia puede llevar al individuo a planificar para afectar negativamente el desempeño de colegas exitosos en el entorno laboral. Piense en un empleado celoso que busca sabotear el trabajo que no fue guardado por un colega reconocido como un trabajador altamente competente. En circunstancias extremas, la envidia puede llevar a desacuerdos injustificados, intentos de despido o acciones disciplinarias contra el colega exitoso. Tomemos el caso de Janet, que envidia los logros de Mark en el lugar de trabajo y logra encontrar y abrir la computadora de Mark. Luego se las arregla para usar el correo electrónico de Mark para enviar bromas a varios colegas sin el conocimiento de Mark. En este caso, la intención de Janet es difamar a Mark porque le tiene envidia.

Si cada vez que usted interactúa o trabaja con ciertos colegas que, son reconocidos en el lugar de trabajo, siente celos es probable que envidie sus logros. A veces, la envidia puede aparecer en forma de celos, lo que significa que siente un fuerte recelo de sus colegas. Tomemos el caso de Janet que ve con recelo todo lo que Mark sugiere. En la mente de Janet, todas las sugerencias de Mark están destinadas a hacerlo prosperar en el lugar de trabajo y por esta razón, ella duda y cuestiona todas las sugerencias de Mark. Hasta ahora, Mark se ha controlado, pero está empezando a notar que a Janet probablemente le molesta su personalidad en general. Como cualquier otro sentimiento, una manifestación limitada y poco frecuente de envidia es normal, pero cuando persiste se convierte en una carga para el individuo y para toda la organización.

En un caso extremo, usted puede buscar incesantemente que todos reconozcan su aporte cuando trabajen en un grupo, siendo esto una manifestación de envidia. A veces la envidia se expresa mediante intentos incesantes de lograr validación. Cuando no se maneja la envidia, el individuo podría tratar de difundir su aporte en cada tarea para llamar la atención sobre su valor en el grupo y en la organización. La razón por la cual estas personas actúan de esa manera es para postularse explícitamente para ser reconocidos. En otras palabras, una ejecución injustificada en el lugar de trabajo puede ser una forma de envidia. Este tipo de envidia podría hacer que la persona afectada despliegue una comunicación injustificada mediante informes y los envíe al supervisor del equipo.

Por último, una persona con envidia podría embarcarse en un desarrollo profesional no planificado, incluyendo la búsqueda de más carga de trabajo de la necesaria. La envidia está relacionada con el deseo incontrolado de sobresalir y las personas con envidia pueden inscribirse en clases nocturnas o de fin de semana para mejorar su carrera en aras de atraer reconocimiento y otras formas de recompensa. Esos individuos también suelen trabajar horas extra o hacer más trabajo del que deberían en la creencia de que serán reconocidos. Por esta razón, si siente la necesidad de participar en el desarrollo profesional de manera no planificada y trabajar horas extra para atraer el reconocimiento y otras recompensas de su organización, entonces probablemente tenga envidia. El principal efecto de la envidia es nublar su pensamiento objetivo y hacer que su mente se fije en cosas particulares y no en la experiencia completa.

Ejercicio

a. Enumere tres situaciones en el pasado reciente en las cuales sintió envidia.

b. ¿Cómo superó la envidia?

C. ¿Cuáles son los efectos de la envidia que experimentó?

Preocupación o nerviosismo

Otro sentimiento común en el lugar de trabajo, considerado negativo es sentirse nervioso o preocupado. Sentirse nervioso es bienvenido ya que forma parte de los sentimientos humanos, pero como cualquier emoción considerada negativa, debe manejarse para evitar generar un impacto adverso en las relaciones laborales y la productividad. Una de las formas como usted se dará cuenta cuando se sienta nervioso es que se inquietará. Si se siente preocupado, su mente está atascada en lo que podría salir mal y esto provoca temor, especialmente a los peores escenarios que se repiten en su mente. Así entonces, tratará de tomar múltiples planes de acción en un corto período de tiempo, lo que solo le hará sentir más inquieto hasta el punto de que su inquietud se manifieste en las acciones.

Es importante destacar que, cuando se siente preocupado, su mente divaga sobre los peores resultados posibles de la situación que le molesta. Cuando se preocupa, imagina lo peor y rara vez notará las inmensas posibilidades presentes. Piense que está preocupado por la renovación de su contrato de trabajo. Tomando este ejemplo, probablemente se sienta nervioso y empiece a pensar en los peores casos en los cuales no puede pagar el alquiler de la casa, los préstamos de servicio y los niños y su esposa lo miran con gran decepción. Es probable que esté pensando en que perderá su clase social y terminará en las calles. Así, cuando se obsesiona con los peores resultados en un corto período de tiempo, lo más probable es que se sienta preocupado.

En tercer lugar, cuando se sienta nervioso, quizás quiera retirarse de una reunión o conversación para estar solo. Uno de los efectos perceptibles de estar preocupado es desear unos minutos a solas para recobrar la calma y reflexionar sobre la situación objetivamente. Si usted de pone nervioso durante una reunión o conversación, puede excusarse para ir al baño o regresar a su módulo de trabajo para calmarse antes de seguir. Por esta razón, cuando le urge estar solo durante una conversación o reunión, es posible que se deba a sentir nerviosismo. Tomemos el caso de Grace, quien justo antes de entrar a una reunión en el trabajo, recibió un mensaje de texto en el cual se indicaba que se colocó un aviso de la ejecución de hipoteca de su casa. Grace se puso sudorosa, su corazón latía fuertemente y no confiaba en cómo iba a reaccionar, así que se excusó y corrió al baño para pensar sobre el asunto.

Cuarto, cuando usted se siente preocupado, hablará consigo mismo o con objetos, para sentirse escuchado y seguro. Mientras está preocupado, es probable que hable con objetos inanimados o participe en un soliloquio para dejar ir sus sentimientos y pensar en la situación que lo perturba. Cuando un individuo comienza a hablar consigo mismo, lo más probable es que se sienta preocupada. Como cualquier otra emoción, sentirse preocupado es necesario para alertar a su mente y prepararla para cualquier eventualidad. Sin embargo, el sentimiento se convierte en una preocupación cuando comienza a abrumarle o se vuelve recurrente, afectando su productividad y sus relaciones.

Quinto, cuando se sienta nervioso, su comunicación no verbal le alejará de la voz temblorosa y evitará el contacto visual. Otra forma de notar el nerviosismo es prestar atención a la comunicación no verbal que exhibe lo que una persona podría estar ocultando. Por ejemplo, si una persona suda y su voz tiembla. Probablemente el tono de voz de una persona que está nerviosa sea más alto o bajo de lo acostumbrado. Es probable que los gestos de un individuo que está nervioso se no concuerden con su mensaje verbal a pesar que traten de mostrarse como si tuvieran el control de la situación. Un individuo que está preocupado podría tener altibajos más allá de lo normal.

Por último, cuando está nervioso, probablemente note que todos saben que está inquieto y sienta que lo juzgan. En la mayoría de los casos, cuando está nervioso, usted es mentalmente consciente de ese estado y trata de compensar el nerviosismo. Como se indicó anteriormente, la sociedad ridiculiza las emociones negativas obligando a las personas a sentirse avergonzadas de manifestar tales emociones y el nerviosismo es una de ellas. Sentirse ansioso no es la emoción deseada y probablemente sienta que la audiencia o los colegas han notado las emociones negativas y tienen una mala opinión de su persona.

Ejercicio
a. ¿Cómo maneja el nerviosismo cuando se dirige a una audiencia?
b. ¿Por qué cree que la sociedad ridiculiza las emociones negativas en lugar de reconocerlas y tratar de expresarlas con adecuadamente?

Enojo o irritación

La ira podría ser una de las emociones negativas más comunes en el lugar de trabajo y esto es predecible. Los entornos laborales fijan objetivos y evalúan a sus trabajadores, lo cual implica presión y plazos. Cuando los trabajadores están bajo presión y el valor se juzga por expectativas definidas, probablemente que actúen presionados. Una persona al ser llevada al límite por los plazos, puede reaccionar impulsivamente, alejándose o demostrando molestia. Los trabajadores también son evaluados por su contribución a la productividad general y cuando sienten que el sistema de evaluación no es justo, es probable que se sientan agitados. La ira puede ser reconocida como una emoción negativa cuando no se logran satisfacer las expectativas a nivel individual y externo.

En segundo lugar, la ira se manifiesta al sentirse muy ofendido. El motivo de ira que se manifiesta con frecuencia en el lugar de trabajo es la existencia de diversidad, de allí que los pequeños malentendidos se toman como ataques degradantes contra una persona. En los entornos de trabajo contemporáneos, el personal es diversos, con distintas orientaciones sexuales, etnias, sexos y religiones. Lo que una persona podría considerar como una expresión o reacción normales podría ser ofensivo para otros. Por esta razón, es común que una persona tome como ofensivo un mensaje que para otro empleado resulta casual e inofensivo. Piense en Richard, que hace bromas sobre lo orientación de los musulmanes a la violencia sin comprender que Ruth considera ofensiva esa conversación informal porque uno de sus hijos se ha convertido al Islam. A Ruth le molesta mucho la conversación de Richard acerca del Islam, hasta el punto de abandonar el descanso de forma anticipada.

Asimismo, la ira se manifiesta al sentirse insultado por las palabras o acciones de un colega. Otra expresión de enojo es sentirse ofendido por acciones o palabras. Tal sentimiento no está necesariamente relacionado con problemas de autoestima, sino con la falta de inteligencia emocional por parte de la persona que se comunica. Mark es el líder de un equipo de cinco ingenieros en una consultora local. Recientemente, Mark sugirió que quienes no tenían un buen desempeño serían despedidos y John se sintió insultado porque su calificación en la última evaluación fue baja. Ese sentimiento se agravó al punto en que John comenzó a considerar rescindir el contrato para aventurarse en los negocio. Así entonces, la ira como emoción se manifiesta al sentirse insultado.

Del mismo modo, la ira se manifiesta al sentirse atrapado por las circunstancias. Sentirse sin alternativas, puede ser una manifestación de ira. Si siente que le son negadas las opciones o que no le brindan alternativas, entonces se sentirá bajo presión. Se sentirá relegado. Cuando se siente atado a procesos sobre los que no tiene control, es probable que reaccione retirándose o participando en discusiones sin base. Si es dejado sin opciones, es probable que se sienta acorralado y subestimado. La restricción de opciones puede malinterpretarse como usted no es confiable y de esta manera se sentirá inseguro y gritará a los demás a la primera provocación.

Otra expresión de la ira es en forma de frustraciones. Al sentir la incapacidad de controlar situaciones, la ira se expresa mediante la frustración. Como se indicó anteriormente, al sentirse acorralado es probable que no sienta necesidad de continuar. Las frustraciones harán que comience a ignorar los procedimientos establecidos o se desconectará de su trabajo. Sentirse derrotado lo desmotivará y lo llevará a un enfoque informal e improductivo en el trabajo. El otro impacto de la frustración como una forma de expresión de la ira es que es probablemente culpe a las situaciones y a otras personas en lugar de ser responsable de usted mismo. En circunstancias extremas, un empleado frustrado podría mostrar desinterés y maltratar a los clientes, especialmente al manejar quejas.

Por último, la ira se manifiesta como sensibilidad a la retroalimentación negativa. La otra forma en que se manifiesta la ira en el lugar de trabajo es mediante la sensibilidad a los mensajes y acciones. Una persona que se siente frustrada y subvalorada por el entorno puede volverse muy sensible ante el más mínimo indicio de duda o retroalimentación negativa. Tales individuos activan rápidamente el mecanismo defensivo explotando la conversación para jugar la carta de la víctima. Cuando una persona expresa la ira como sensibilidad a la comunicación, invocará raza, género, orientación sexual y afiliación religiosa para sugerir que está siendo discriminada. La intención de esta sensibilidad es impedir que otros indaguen en el problema en cuestión. En la mayoría de los casos, la ira es un desarrollo interno y pocas personas quieren aceptar que necesitan ayuda para mejorar sus emociones, así que buscan bloquear cualquier conversación sobre la reacción.

Ejercicio

a. La ira es una de las emociones negativas comunes en el lugar de trabajo. ¿Cómo lidia con la ira?

Aversión

La aversión es una de las emociones negativas que se pasa por alto y, a veces, se malinterpreta como otra cosa. En este contexto, la aversión se refiere al sentimiento general e injustificado de disociación y desinterés en alguien o algo. En un momento dado, es posible que no le haya gustado alguien o algún personaje de la película sin razón alguna. La aversión no necesita justificación como el amor. Algunos disgustos son motivados por prejuicios sociales que eventualmente refuerzan su prejuicio personal. Por ejemplo, es posible que no le haya gustado el nuevo trabajador incluso antes de conocerse o interactuar. Cuando intenta buscar las razones por las que no le gusta el inocente, no obtiene ninguna. La aversión es un riesgo para el desarrollo de las relaciones sociales, ya que le niega la evaluación objetiva de otras personas y esto afectará su productividad y la de ellos.

En segundo lugar, la aversión se manifiesta mediante los estereotipos. Si usted tiene estereotipos contra los latinos, entonces no necesita ninguna razón para que no le gusten, solo necesita ver o escuchar que el nuevo colega es latino. Si tiene estereotipos contra las mujeres en el lugar de trabajo, entonces bastará que se encuentre con una para que no le guste. Asimismo, es importante destacar que puede desarrollar estereotipos en el lugar de trabajo, incluso si no tenía uno inicialmente. En algunos casos esto tiene su causa en la generalización. Por ejemplo, puede que no le guste el nuevo interno de la Universidad de Texas simplemente porque el anterior de la institución le falló en el trabajo. Así, no necesita ninguna razón para que no le gusten los nuevos pasantes, ya que ya ha desarrollado un estereotipo contra la referida universidad.

En tercer lugar, la aversión se manifiesta a través del aislamiento. La otra forma en que las personas expresan disgusto es aislando a sus víctimas. Evitar encontrarse e involucrar a la persona en cuestión es una forma de expresar el sentimiento de aversión. La víctima de la aversión podría notar o no la aversión. Partiendo de este ejemplo, la aversión consume energía mental, así como resta a la productividad general de la organización. Si no le gusta un individuo, es probable que manipule la conformación de un equipo para alejar al individuo sin tener en cuenta las necesidades generales de la organización. Piense en un nuevo empleado que sea uno de los pocos ingenieros competentes en un novedoso sistema de certificación, pero no le gusta el nuevo empleado. Luego, continúa y aísla al individuo que le resta productividad a la organización.

Cuarto, la aversión puede manifestarse como un complejo de superioridad. Si permite que florezcan los sentimientos de aversión, es probable que en algún momento se sienta como la entidad de validación definitiva de lo que es bueno y lo que no. La sensación de ser más importante que otros propaga el sentimiento de disgusto. Básicamente, el complejo de superioridad es una contradicción de la intención de las competencias de inteligencia emocional que busca abogar por la consideración. De esta manera, el disgusto es una confirmación de la baja inteligencia emocional de un individuo. Tomemos el ejemplo de Haron, quien se siente más calificado que todos los demás en su empresa y cree que comprende mejor quién debe ser contratado y promovido. La compañía para la que trabaja Haron ha promovido a un colega y según Haron este tiene menos méritos, pero la organización piensa lo contrario. Si bien Haron no es celoso, le disgustan las personas que él considera no están a la altura de sus calificaciones.

Quinto, el disgusto puede presentarse como justificación. A veces la aversión se manifiesta como una justificación. Por ejemplo, a un empleado puede no gustarle como una forma de justificar sus sentimientos internos. Una persona podría sentir disgusto hacia los demás para sentirse valorada e influyente. Algunas personas pueden mostrar disgusto haciendo que otros se disculpen con ellos, para así sentirse importantes. De cierta manera, algunas personas muestran aversión para generar una crisis que les permita demostrar auto validación. Por ejemplo, Richard no le gusta Kevin, pero el objetivo de su comportamiento es hacer que Kevin busque formas de hacer las paces con Richard. Haciendo que Kevin reconozca la necesidad de llevarse bien con Richard, este último se siente valorado en la organización.

Por último, la aversión puede manifestarse como juicio. En algunos casos, la aversión a alguien ocurre debido al juicio subjetivo del individuo. Cuando juzga a alguien a primera vista, tomando en cuenta cualquier discapacidad o característica física que usted desestima, esto constituye entonces una aversión motivada por el juicio. El juicio de los individuos se basa en gran medida en los estereotipos y las experiencias pasadas. Al juzgar a las personas subjetivamente, se les clasifica mentalmente y se manejan según este criterio.

Ejercicio
a. Usando solo las iniciales, enumere algunas de las personas que no le gustan pero que no puede explicar por qué

b. ¿Qué personaje político no le gusta? ¿Tiene razón para esto?

Decepción o infelicidad

La decepción al igual que la ira es un sentimiento negativo común en el lugar de trabajo. Sentirse decepcionado es inevitable en el entorno laboral debido a la necesidad de lograr objetivos o encajar en un determinado círculo. Cuando un trabajador con buenas intenciones no logra el objetivo establecido o no alcanza el puntaje promedio durante la evaluación, es probable que se sienta infeliz. Este sentimiento es bienvenido en principio, ya que puede motivar a la persona a autoevaluarse y comprometerse a entregar más en la próxima oportunidad. Desafortunadamente, la sensación de decepción puede persistir y causar un efecto adverso en la autoestima del individuo, incluso afectando negativamente la vida social de la persona. Cuando continuamente siente decepción, también es probable que exprese enojo, lo cual afectar negativamente su relación con los demás.

En segundo lugar, la decepción se manifiesta como un sentimiento. Al estar infeliz, es probable que la persona se sienta traicionada por otros. En la mayoría de los casos, la decepción surge cuando no se cumplen las expectativas y esto puede ocasionar que se culpe a otros por lo sucedido. Piense en un empleado que estaba en un grupo y se renovaron todos los contratos de los miembros del equipo, excepto el del empleado decepcionado. Es probable que esa persona culpe a las situaciones u otras personas por su infelicidad. Culpar a otros puede conducir a un nuevo problema social, especialmente cuando la persona culpa a parte de su familia por el fracaso en el trabajo. Piense en un individuo cuyo contrato no se renovó, pero culpa a su esposa por no ser lo suficientemente solidaria durante el período de prueba, esto podía crear problemas matrimoniales.

En tercer lugar, la decepción se expresa como el sentimiento de no ser tan bueno como los demás. Al estar decepcionado, la persona probablemente se sienta inferior al resto, especialmente si otros han sobresalido. Piense en un empleado cuyo contrato no fue renovado pero los de otros miembros del grupo si lo fueron. Es probable que dicho empleado sienta que no es tan bueno como los demás. La razón para sentirse inferior radica en que al sentirse infeliz, lo más probable es que se eche la culpa antes de analizar objetivamente las circunstancias que causaron ese sentimiento. Recuerde nuestro ejemplo, donde solo un miembro del grupo no logró renovar el contrato mientras que otros lo lograron y el individuo en cuestión acabó culpándose a sí mismo por lo sucedido.

En cuarto lugar, la decepción puede manifestarse como no sentirse lo suficientemente apreciado en el lugar de trabajo. Como resulta predecible, al estar decepcionada la persona podría sentir que su aporte está infravalorado en la organización. Es difícil para una persona decepcionada creer que el resultado se debió a factores internos y externos y no necesariamente a la culpabilidad personal. Encontrar algo a lo que echarle la culpa es una forma de hacer que la mente se cierre y se restablezca el equilibrio del estado mental. Desafortunadamente, a la mayoría de las personas les resulta conveniente culparse a sí mismos en lugar de identificar los factores que ocasionaron la decepción. Es importante que desaprendamos la forma enseñada de manejar la decepción aprendiendo a no culparnos siempre por ello.

Como quinto punto, el sentimiento de desilusión puede mostrarse mediante la evasión. En algunas circunstancias, la decepción puede expresarse a través del aislamiento cuando un individuo que no se siente feliz se retira a su mundo. Tal persona podría sentir que al estar solo, tendrá tiempo para reflexionar y diseñar nuevas estrategias para mejorar en el próximo ciclo de evaluación. Si bien es permitido retirarse brevemente a su mundo, esto podría volverse problemático cuando se prolonga la evasión de los encuentros sociales, lo cual genera un refuerzo en las emociones negativas. Piense en el ejemplo en el que un empleado cuyo contrato no fue renovado, se retira a su mundo y se culpa de todo, pensando en abandonar definitivamente el empleo.

Por último, la decepción puede manifestarse como una mayor necesidad de validación. En la mayoría de los casos, cuando uno se siente decepcionado, requiere afirmar que aun son tan buenos como cualquier otra persona. Esos individuos pueden participar en presentaciones frecuentes de informes o buscar comentarios frecuentes no porque quieran mejorar sino debido a que desean obtener comentarios positivos como una forma de validación de su importancia en el grupo. La necesidad de validación es una forma de constatar el sentimiento de decepción, especialmente en el entorno laboral, después de una evaluación. En ese contexto, la decepción afecta la productividad, causando que el individuo se desmotive y participe en actividades innecesarias para intentar recuperar su valor y salir de la infelicidad.

Ejercicio

a. ¿Cómo manejó usted la decepción mientras estaba en la universidad?

b. ¿Cómo expresó su decepción?

Capítulo 4: Mejorando la Inteligencia Emocional

La inteligencia emocional en las relaciones

Particularmente, la inteligencia emocional ayudará a cada parte en una relación a empatizar más con el otro. La empatía es uno de los signos fácilmente perceptibles de la inteligencia emocional y se refiere a la preocupación por reconocer y priorizar las necesidades de la otra persona. La empatía es uno de los componentes de una relación saludable. En cierto modo, la empatía aboga por un sacrificio limitado para priorizar las necesidades emocionales de la otra parte. Percibir que la otra persona está involucrada en la conversación y está escuchando atentamente, aumenta la sensación de sentirse valorado. Sin embargo, la empatía no implica renunciar totalmente a las necesidades emocionales a favor del otro. La esencia de la empatía en una relación es permitir ver el mundo desde la perspectiva de la otra persona, aumentando la comprensión mutua.

Mediante la inteligencia emocional, puede sostenerse una conversación crítica sin que se eleve el tono. Si usted es emocionalmente inteligente, probablemente procese las críticas de manera adecuada. En una relación, la crítica constructiva es necesaria y ayuda a darle fuerza a la relación. Sin embargo, cuando las críticas no son bien recibidas, puede obstruirse la comunicación cotidiana. La falta de comunicación es un peligro importante para cualquier relación. La inteligencia emocional puede ayudar a preparar a un individuo frente a la retroalimentación negativa haciendo que esa persona sea receptiva a las críticas. Es probable que algunas personas reaccionen con ira ante las críticas y se sientan juzgadas. Un individuo con alta inteligencia emocional tomará las críticas de forma comprensiva, entendiendo que los niveles de inteligencia emocional pueden elevarse para corregir algunas de las deficiencias planteadas. De esta manera, la crítica se toma como una vía para reconocer, aprender y comprender a profundidad las emociones y acciones.

Otro aspecto importante de la inteligencia emocional en una relación es que permite a las partes ser completamente vulnerables entre sí. Ser completamente vulnerables el uno con otro, permite conectarse entre sí. La mayoría de las personas se sienten incómodas al ser vulnerables frente a los demás, excepto frente la persona en que confían. La inteligencia emocional le permite expresar completamente sus emociones, incluidas las negativas que no puede manifestar libremente en público. Mediante la inteligencia emocional, reconocerá lo que le frena, comprendiendo además el momento y la forma de expresar las emociones. La otra persona ajustará su vulnerabilidad y verá el mundo desde sus ojos mediante la demostración de la empatía, que es una competencia de la inteligencia emocional.

Como resulta predecible, las competencias de inteligencia emocional le permitirán expresar sus sentimientos directamente. La falta de inteligencia emocional obligará a uno de los integrantes de la relación a usar la agresión pasiva o el silencio para manejar un conflicto. Afortunadamente, la inteligencia emocional puede ayudar a cualquier pareja perjudicada a expresar libremente sus sentimientos y a ser asertivo. Comprender que todas las emociones son inevitables y deben expresarse es suficiente para motivarle a manifestar sus emociones. En un contexto de inteligencia emocional, todas las partes pueden lograr ejercer empatía y esto debería hacer que la comunicación sobre el tema sea fluida. De esta manera, la inteligencia emocional es un componente de la comunicación honesta en una relación. Piense en Janet, que está enojada con Mark por no atender sus llamadas durante todo el día y confía en que Mark comprende por qué está incómoda. Por otro lado, Mark siente empatía por los sentimientos de Janet, entiende el descontento de ella y no se toma las cosas personalmente.

Del mismo modo, la inteligencia emocional puede ayudarlos a disculparse entre sí y volver a la normalidad. Un componente de la inteligencia emocional es reconocer las emociones y ser responsable de ellas. Si cada persona reconoce sus emociones y asume la responsabilidad total de participar en la creación de esa emoción y la reacción posterior, entonces será más fácil ofrecer disculpas al ofender al otro. Otra manera en que la inteligencia emocional puede aumentar la comprensión al ofrecer una disculpa se da cuando un individuo reconoce y asume los comentarios de la otra persona. La inteligencia emocional aboga por buscar puntos de vista de otras personas sobre las emociones y las reacciones correspondientes utilizando la retroalimentación para mejorar. Ofrecer una disculpa es una manera de actuar con base en la autoevaluación y la retroalimentación de las otras personas en una relación.

Por último, la inteligencia emocional puede ayudar a las partes de una relación a reconocer y resolver un conflicto. Como se indicó anteriormente, los conflictos son inevitables debido a que cada persona tiene diferentes valores, puntos de vista y enfoques para enfrentar los problemas cotidianos. Debido a la amplia diversidad en las relaciones, aunado a las crecientes presiones, como el alto costo de la vida, es probable que los conflictos se presenten frecuentemente. Mediante la inteligencia emocional, la resolución de conflictos se vuelve más práctica ya que cada parte está dispuesta a abandonar su postura inicial y evaluar el problema desde el punto de vista de la otra parte. Si la empatía florece, es probable que las partes enemistadas suavicen las posturas y de prioridad al entendimiento mutuo que les permita trabajar hacia una solución.

Ejercicio

a. En sus relaciones anteriores (amistad, trabajo o romance), según su criterio ¿qué causó la desconexión final?

b. ¿Cómo podría haber utilizado la inteligencia emocional para revivir la relación anterior?

Lenguaje corporal

El lenguaje corporal es un aspecto esencial de la inteligencia emocional, ya que influye en la empatía. Piense en un colega que dice sentir pena por lo que pasaste mientras sonríe. Comencemos con las expresiones faciales como una forma de comunicación no verbal. Tenga en cuenta que el rostro humano es altamente expresivo y puede comunicar innumerables emociones sin verbalizar nada. Además, las expresiones faciales tienden a ser universales a diferencia de otras formas de comunicación no verbal. Por ejemplo, las expresiones faciales de tristeza, felicidad y miedo suelen ser universales. La mayoría de los aspectos de la comunicación no verbal son involuntarios, pero con algo de entrenamiento y práctica, puede aumentarse la adecuación entre las expresiones faciales y la comunicación verbal. En casa, puede usar una cámara web para grabar un discurso aleatorio y evaluar la concordancia entre las expresiones faciales y la comunicación verbal. También puede intentar hablar sobre diferentes emociones frente al espejo para evaluar cómo sus expresiones faciales se ajustan con las verbales.

Otro aspecto del lenguaje corporal a tener en cuenta es el movimiento y la postura. Comprenda que las personas lo perciben de manera diferente según la forma en que camina, se para o se sienta. Por ejemplo, si camina frecuentemente mientras habla con una audiencia, entonces es posible que esté apurando la conversación o se sienta incómodo. Estar de pie o inclinado mientras escucha o habla muestra que probablemente se sienta cansado o desinteresado en el intercambio. Acostarse en la silla muestra que se siente cansado, distraído o desinteresado en la conversación. Si está hablando con alguien y la persona se está alejando, entonces es probable que usted la vea como grosera o desinteresada. Afortunadamente, el movimiento corporal y la postura como formas de comunicación no verbal son fácilmente controlables en comparación con las expresiones faciales.

Además, los gestos repercuten en lo que se está comunicando. La manera en que mueve las manos mientras habla es un gesto. Piense en cuándo le indica a su amigo que deje de hablar, se acerque o se detenga. Al hablar con alguien, el movimiento de sus manos envía mensajes individuales y debe intentar ajustar ese mensaje con lo que está verbalizando. En comparación con las posturas corporales, los gestos no son fáciles de manejar, ya que se trata de reacciones involuntarias. Afortunadamente, mediante la práctica, puede mejorarse la adecuación de los gestos apropiados al mensaje que se desea transmitir. Por ejemplo, cuando levanta las manos en el aire con movimientos rápidos mientras habla, es probable que se sienta ofendido. Cuando señala utilizando uno de sus dedos, es probable que esté juzgando al otro.

Del mismo modo, el contacto visual es un aspecto fundamental de la comunicación no verbal. Mantener el contacto visual es esencial para que la otra persona sienta que está interesado y participa activamente en la conversación. Si bien mantener el contacto visual muestra una participación activa en la conversación, el contacto visual sostenido durante más de un minuto distorsionará el mensaje, ya que equivale a juzgar a la otra persona. Al hablar con una audiencia, es importante desplazar la vista a través de la audiencia para evitar reducir la comunicación no verbal. Aunque el contacto visual es una comunicación no verbal, es importante reconocer que algunas personas son tímidas y que su falta de contacto visual no debe malinterpretarse para significar como desinterés.

Asimismo, el tacto es una forma de comunicación no verbal, aunque no se usa con tanta frecuencia. Un toque firme pero gentil muestra seguridad y cuidado, lo cual podría ser necesario para una relación romántica y en la crianza de los hijos. La otra forma común de contacto en la comunicación pública es un apretón de manos. Un apretón de manos firme transmite confianza, mientras que un apretón de manos que no es firme puede comunicar una falta de confianza en sí mismo. Es importante tener en cuenta que no todas las sociedades e individuos prefieren los apretones de manos. Aunque el apretón de manos es una forma de comunicación no verbal, algunas personas tienen afecciones médicas que les dificultan estrechar la mano, como una condición de sudoración palmar excesiva conocida como hiperhidrosis. Así que cuando evalúe un apretón de manos, de espacio a las excepciones.

Luego está el espacio, como un tipo de comunicación no verbal. La distancia física entre usted y la otra parte que interviene en la comunicación se conoce como espacio. Cuando se acerca mucho a la otra persona, esta puede sentirse incómoda. Sin embargo, para quienes tienen una relación romántica, estar más cerca físicamente podría ser la forma deseada de comunicación en algunas ocasiones. Al mismo tiempo, el estar significativamente lejos de la persona, puede sugerir desinterés o despreocupación hacia el mensaje. Estar innecesariamente lejos de la persona con la que se está comunicando también podría aumentar las distracciones en la comunicación. Piense en cuando asiste a un foro de taller donde el orador a veces se acerca a su dirección, retrocediendo y deteniéndose a una distancia en la que la mayoría de las personas pueden escuchar cómodamente.

Por último, la voz como forma de comunicación no verbal. El tono de la voz se comunica de manera no verbal. Cuando se eleva el tono de voz, es probable que el mensaje se tome como enojo o decepción. Un tono de nivel promedio sugerirá que el hablante está calmado y que el valor emocional del mensaje está dentro de los límites apropiados Del mismo modo, un tono bajo puede sugerir una falta de confianza, tristeza o incomodidad en el hablante. Sin embargo, es importante entender que a veces es necesario ajustar el tono para romper la monotonía, enfatizar o mostrar transición al comunicarse.

Ejercicio

a. ¿Cómo afecta el tono al comunicarse?

b. Los gestos y la expresión facial se encuentran entre las formas más difíciles de comunicación no verbal para controlar. ¿Está de acuerdo con esta afirmación? ¿Por qué?

Escucha activa

Comience por prestar atención al orador y al mensaje. Escuchar activamente requiere estar concentrado y entender el mensaje. Dentro de una audiencia o en cualquier contexto de la comunicación, existen múltiples mensajes e intercambios, así como también ruidos. Por ejemplo, las personas moviéndose, el viento que sopla con fuerza y los teléfonos que suenan son comunicaciones, pero se consideran ruido. Por esta razón, un individuo que practica la escucha activa debe escuchar selectivamente enfocándose solo en el orador y el mensaje transmitido. La otra forma de ruido es interna y esto incluye pensamientos de distracción y distraerse con otros pensamientos. Piense en la necesidad de revisar las actualizaciones de las redes sociales mientras escucha, esto es una forma de distracción o ruido interno.

Luego demuestre que está escuchando a través de su lenguaje corporal y sus gestos. La comunicación es simultánea y bidireccional, por lo que es importante que corresponda a su audiencia mediante un lenguaje corporal apropiado al mensaje. Recuerde que el comunicador se basa en las reacciones de su audiencia para ajustar la comunicación en beneficio de todos. Por esta razón, no comunicarse recíprocamente se traduce en negarle al hablante una evaluación temprana de su entrega y el impacto de su mensaje. Cuando escuche activamente, asienta, aplauda y mueva los ojos para ayudar a procesar el mensaje y aumentar su enfoque en la comunicación. Piense en la reacción del público de las iglesias de avivamiento a la predicación ferviente. Tales audiencias levantan la mano, sonríen y asienten activamente.

En fin, se trata de dar retroalimentación. Una forma de proporcionar comentarios es interrumpir cortésmente y dejar que el orador repita o capture su preocupación. La otra manera de dar retroalimentación es utilizar la comunicación no verbal para que el hablante entienda si se están recibiendo o no los mensajes deseados. Sin embargo, en la mayoría de los casos cuando no se está escuchando activamente, la retroalimentación es involuntaria, mediante acciones como tumbarse en la silla, mirar al techo o sentirse desconectado de la audiencia y el momento. Algunos de los comentarios constituyen un mal comportamiento como escucha, como preguntar a un colega mientras el hablante está ocupado hablando. Tanto la retroalimentación negativa como la positiva pueden expresarse de manera efectiva mediante la comunicación no verbal.

Es importante que anote las preguntas o áreas que necesitan aclaración para evitar distraer a la audiencia. Uno de los factores que afecta la escucha efectiva ocurre cuando un individuo solicita una aclaración y no tiene la oportunidad de interrumpir al hablante. Por esta razón, el individuo permite que la pregunta pendiente permanezca en la mente mientras se sincroniza con la oportunidad de planteársela al orador y esto afecta la escucha efectiva. Una de las mejores maneras de ajustar la necesidad de aclarar dudas mientras escucha de manera efectiva es anotar la pregunta o el área que en cuestión aclaración y continuar escuchando. Al anotar la pregunta en su cuaderno, liberará su mente y podrá enfocarse en desarrollar la comunicación.

Asimismo, resuma lo que escuchó. Mientras escucha, tome nota de los puntos clave que le permiten a su mente internalizar y conectar el mensaje en desarrollo. Tomar nota de los puntos principales también le ayuda a estar mentalmente alerta conectando su cuerpo al momento. Mientras la comunicación ocurre, el ruido está en todas partes bien sea por colegas susurrando, teléfonos vibrando, luces parpadeantes y pensamientos internos que lo desvían del mensaje. Al hacer un resumen interno, así como un resumen físico en su cuaderno o diario, aumenta sus niveles de concentración. Sin embargo, es importante entender que escribir demasiado afectará la escucha efectiva. El objetivo no es resumir sino escuchar, y ahí es donde debe concentrarse.

Siempre que sea posible, cambie de posición para obtener una proyección clara de lo que se está hablando. A veces puede que tenga que cambiar su posición cuando tenga la oportunidad para obtener una visión clara y una buena proyección de voz del hablante. La distancia física afecta la eficacia de la comunicación, especialmente cuando la audiencia es grande y los proyectores están ausentes. Sin embargo, la tecnología moderna ha mejorado la comunicación de grandes audiencias mediante el uso de proyectores electrónicos y sistemas de sonido de megafonía para hacer que la proyección de voz y la visualización del altavoz estén disponibles desde cualquier ángulo. Tampoco es aconsejable cambiar de asiento durante un discurso, ya que esto podría crear realineamientos y ruidos innecesarios que podrían interrumpir al orador. Una buena práctica es llegar lo suficientemente temprano o reservar un asiento que lo coloque en un ángulo cómodo para recibir y procesar el mensaje del orador.

Ejercicio

a.   ¿Cómo mantiene la atención mientras escucha, cuando tiene la necesidad de usar su teléfono?

Técnicas de atención plena y relajación

Hay seis técnicas comunes de atención plena y relajación que se aplican ampliamente y una de ellas es el enfoque en la respiración. Es una técnica simple pero poderosa que consiste en tomar una respiración larga, gradual y profunda, conocida como respiración abdominal. Mientras respira, trate de desconectar sutilmente su mente de las sensaciones y pensamientos que lo distraen. La técnica de enfoque de la respiración podría ser útil para las personas con trastornos alimentarios para permitirles concentrarse en sus cuerpos de manera positiva. Se debe tener precaución con las personas que presentan dificultades respiratorias relacionadas con la salud, como insuficiencia cardíaca y padecimientos respiratorios. La técnica del enfoque de la respiración funciona ayudando a distraer la mente de otros pensamientos y actividades, y esto hace que la mente realice una tarea que ayuda a aliviar los músculos y la mente.

Además, existe otra técnica conocida como escáner corporal. En esta técnica, se combina el enfoque de la respiración con la relajación muscular gradual. Comience con unos minutos de respiración profunda, luego concéntrese en un aspecto de su cuerpo a la vez y libere mentalmente cualquier tensión física. La importancia de la técnica de escáner corporal, es que ayuda a mejorar la conciencia de la conexión mente-cuerpo. Entre las personas que podrían encontrar útil esta técnica se encuentran aquellas que se recuperan de una cirugía reciente y están lidiando con problemas de imagen corporal. La técnica de escáner corporal puede realizarse individualmente o en grupo. Además, esta técnica se puede lograr mediante la guía de un instructor durante todo el ejercicio. Por esta razón, esta técnica es muy flexible y menos costosa, en términos de recursos, incluyendo el tiempo.

Otra técnica de atención plena y relajación son las imágenes guiadas donde se evocan lugares relajantes, escenas o encuentros para ayudar a la relajación y concentración. Existen múltiples aplicaciones de la técnica de imágenes guiadas. Uno de los impactos de las imágenes guiadas es que puede ayudar a reforzar una visión positiva. La principal debilidad de las imágenes guiadas es que puede ser un desafío para las personas que tienen pensamientos intrusivos o personas con dificultades para crear imágenes mentales. Una sugerencia de esta técnica de imágenes guiadas consiste en visualizar una escalera coloreada con todos los colores del arco iris y luego caminar o sentarse en cada escalón de diferente color. Posteriormente permita que su mente asocie ese color con avistamientos naturales positivos, como un exuberante jardín verde para el escalón de color verde en la escalera. Mediante esta tarea repetitiva y simple, su mente eventualmente se desvinculará de los pensamientos actuales y participará en este relajante ejercicio.

Igualmente importante, es la meditación de atención plena como una técnica de conciencia plena y relajación. En esta técnica, la persona se sienta cómodamente y se concentra en la respiración, así como en atraer su atención a la mente al momento presente. Nuestras mentes tienden a vagar hacia el pasado o el futuro para ayudar a crear continuidad. Así, la meditación de atención plena ayuda a las personas con depresión, ansiedad y dolor. La esencia de esta técnica es ralentizar la mente para que no se preocupe por el futuro o el pasado. La mente nos controla, pero en las técnicas de atención plena y relajación nosotros tratamos de controlarla. Al igual que cualquier otra forma de meditación, se requiere un lugar tranquilo, libre de distracciones físicas y electrónicas para participar con éxito en la meditación consciente.

Del mismo modo, el yoga se usa cada vez más como una técnica de atención plena y relajación. El yoga implica una serie de movimientos fluidos donde se espera que los aspectos físicos se alineen con el enfoque mental y distraigan al individuo de pensamientos repetitivos. Al sentirse perturbado se combina la energía emocional y física para reforzarse o rivalizar entre sí, y desgastarnos. Con el yoga, aprovechamos la energía física y mental para calmar todo el cuerpo. La otra ventaja del yoga es que ayuda a mejorar la flexibilidad y el equilibrio. De esta manera, el yoga no solo calma sino que también ejercita. Sin embargo, debido al esfuerzo físico que representa para el cuerpo, el yoga puede no ser apto para personas con ciertas condiciones de salud. Por esta razón, el yoga puede no ser indicado para personas con dolor o problemas de salud que inhiben los movimientos.

Por último, decir oraciones repetitivas puede ayudar a calmar y enfocar la mente. Para las personas que no son religiosas, se puede crear un canto que ayude a sentir paz y calma interior. Los cantos repetitivos refuerzan el mensaje a la mente y hacen que la mente se deje ir con el contenido del canto o la oración. Es importante comprender que esta técnica podría no funcionar para todos, ya que requiere permitir que su mente viaje al mensaje contenido en la oración o el canto. También se debe evocar el lugar ideal o el paraíso al rezar o cantar repetidamente.

Ejercicio

a. Elija dos técnicas de atención plena y relajación y explique cómo puede implementarlas.

Capítulo 5: Inteligencia Emocional y Liderazgo

Buen liderazgo

La inteligencia emocional puede mejorar las virtudes de honestidad e integridad en un líder. A través de la conciencia emocional, un líder tendrá la oportunidad de leer sus emociones y tomar conciencia de cómo reacciona ante ellas. Al mismo tiempo, el líder buscará tener en cuenta cómo otras personas se ven afectadas por sus emociones. Al comunicarse con otros o al demostrarle algo al equipo, un líder tratará de ser lo más abierto posible porque no quiere que otros se sientan decepcionados por su falta de honradez. De esta manera, la inteligencia emocional se encuentra entre las cualidades que forman un líder honesto al hacer que el líder sea consciente de cómo reaccionarán los demás ante su comunicación y acciones.

Además, la inteligencia emocional puede ayudar a un líder a ser influyente e inspirar a otros. Mediante la inteligencia emocional, un líder mejorará sus habilidades de escuchar y comunicarse. Por ejemplo, la inteligencia emocional puede mejorar la escucha efectiva a través de la empatía durante una conversación. Al hablar, un líder apreciará el valor emocional de cada oración y esto mejorará la elección de las palabras y el tono del habla. Cuando un líder muestra empatía, escucha activamente y habla con consideración, es probable que el resto del equipo se sienta respetado e inspirado. Si el equipo se siente inspirado es probable que logre sobresalir. Se puede argumentar que la inteligencia emocional humaniza a un líder desde el punto de vista de su equipo.

Asimismo, la inteligencia emocional puede mejorar el compromiso y la pasión de un líder. Cuando un líder emplea las competencias de inteligencia emocional para ayudar a comprender las necesidades emocionales del equipo, entonces el líder muestra compromiso para contribuir al bienestar de los miembros del equipo. La determinación de ayudar a otros a comunicarse y no verse afectados por sus emociones es una expresión de pasión y compromiso con su papel como líder. Piense en un líder que no toma críticamente el efecto de sus emociones y reacciones ante el equipo. Es probable que dicho líder sea visto como desconectado de las realidades y necesidades del lugar de trabajo. Por último, la inteligencia emocional le permite al líder obtener retroalimentación continua para avivar la pasión por cumplir con los deberes de liderazgo.

Otra forma en que la inteligencia emocional puede construir un líder es haciendo de este un buen comunicador. Así, la comunicación efectiva resulta fundamental para un líder. La comunicación es medio principal para que el líder entregue y reciba un mensaje. Existen formas de comunicación no verbales y verbales y todas estas necesitan reforzarse mutuamente. La comunicación tiene un significado científico y artístico e individualmente podemos mejorarla para satisfacer nuestras necesidades de intercambio de información. Un individuo de mente abierta, que deja ir los prejuicios personales, y acoge con beneplácito las opiniones de los demás y al mismo tiempo presta atención al efecto de cómo se está comunicando probablemente tenga eficacia en la comunicación.

Del mismo modo, resulta importante destacar que las competencias de inteligencia emocional mejoran las capacidades de un líder para la toma de decisiones. Las habilidades para la toma de decisiones requieren reconocer los prejuicios personales, superar los impulsos y regular las reacciones emocionales. En ausencia de competencias de inteligencia emocional, es probable que se tomen decisiones impulsivas y subjetivas. Tales decisiones son en gran medida ineficaces, ya que no se basan en la imagen completa, sino en lo que es conveniente para la mente. Afortunadamente, las habilidades de inteligencia emocional resuelven la mayoría de las deficiencias en la toma de decisiones al ayudarnos a reconocer y descartar activamente los estereotipos y la comunicación ineficaz. Imagine un líder que no está escuchando activamente sugerencias o comentarios durante una sesión de lluvia de ideas. Se requiere inteligencia emocional para leer de manera efectiva la comunicación o la retroalimentación con respecto a algunas de las decisiones que desea implementar.

Al mejorar la responsabilidad de un líder, las competencias de inteligencia emocional también aumentan su atractivo. La mayoría de las personas, tienden a evitar asumir responsabilidades, especialmente cuando se trata de emociones negativas. Los líderes no pueden verse tentados a culpar a las situaciones u otros en lugar de asumir la plena responsabilidad de lo sucedido. Mediante las competencias de inteligencia emocional, un líder aprenderá a procesar la retroalimentación negativa sin sentir que ha fallado. Una de las principales razones para no asumir la responsabilidad, bien sea por parte de un líder o cualquier otra persona es porque no se siente lo suficientemente competente para cumplir. En otras palabras, asumir responsabilidades aumenta las posibilidades de procesar emociones negativas que son consideradas una debilidad en el lugar de trabajo.

Ejercicio
a. En sus propias palabras, ¿cómo se vinculan la inteligencia emocional y el liderazgo?

Adaptación

Una forma en que la inteligencia emocional puede mejorar el liderazgo es mejorando la adaptabilidad de un individuo durante situaciones de crisis. Los líderes deben ser adaptables porque no siempre pueden controlar todo, especialmente los factores externos. La alta inteligencia emocional implica que un líder tiene mente abierta y puede considerar diferentes puntos de vista más allá del convencional. Las crisis son impredecibles y requieren que los líderes sean de mente abierta. Por ejemplo, empleando la inteligencia emocional, un líder intentará ver la situación desde la perspectiva de las víctimas, de la organización y desde un punto de vista personal. Además, durante una crisis, un líder aprenderá a procesar las emociones volátiles de las víctimas como una forma de expresar su enojo y no necesariamente como un ataque al liderazgo de la organización.

En segundo lugar, manejar el estrés laboral invocando inteligencia emocional puede mejorar la influencia de un líder. Un líder debe guiar al resto de la organización hacia nuevas formas de pensar y actuar que podrían resultar complicadas para el resto del equipo. Si el líder es el único que se adapta, entonces la flexibilidad del líder podría no rendir mucho. Por esta razón, un líder tiene que persuadir a otros y disuadir los temores del equipo a intentar nuevos puntos de vista y procesos. Un líder debe convencer a otros para que confíen en sus movimientos y esto requiere inteligencia emocional. Persuadir a las personas requiere que comprensión de sus miedos y esto implica empatía con ellos, incluyendo la escucha activa.

En tercer lugar, la inteligencia emocional puede ayudar a encontrar soluciones innovadoras para el manejo de problemas. Parte de ser flexible requiere pensar y actuar creativamente, ya que algunas circunstancias nuevas requieren soluciones poco convencionales. La capacidad de improvisar es importante para un líder. Tomemos un caso donde un líder es rígido y esto ralentiza a toda la organización. La inflexibilidad podría sugerir que líder tiene una mente cerrada, lo cual se asocia con personas que albergan y ejercen estereotipos. Es probable que la adaptabilidad y la creatividad se correlacionen con la mentalidad abierta y esta es una competencia que debe practicarse en el marco de la inteligencia emocional. Al tener en cuenta los diferentes puntos de vista de los demás, así como una visión personal, es probable que un líder llegue a una solución creativa.

Cuarto, la inteligencia emocional puede permitir que un líder maneje situaciones impredecibles con un éxito significativo. Uno de los beneficios de las competencias de inteligencia emocional es que puede mejorar la capacidad de anticipar y procesar emociones negativas. Una de las inquietudes frente al cambio y la incertidumbre es el miedo a lo desconocido. Las organizaciones deben asumir diversas formas de riesgos, como por ejemplo adoptar nuevas tecnologías, tomar acciones drásticas y ajustar el modelo de negocios. Todos tememos el fracaso, al estancamiento, las consecuencias legales y la pérdida de estatus, y por estas razones, los seres humanos prefieren el status quo independientemente de su valor. Con la inteligencia emocional, se propicia la apertura y el agradecimiento ante la posibilidad de emociones negativas. En otros términos, es probable que la inteligencia emocional convierta a un líder en un tomador de riesgos.

En quinto lugar, la inteligencia emocional puede aumentar la adaptabilidad de un líder mediante la activación de competencias interpersonales. Parte de ser adaptable como persona implica establecer relaciones con los demás y esto hace que las competencias interpersonales sean cruciales. Un líder necesita interrumpir el statu quo y crear un nuevo equilibrio. Durante el cambio, las personas se sienten inquietas y emocionales y se requieren excelentes habilidades interpersonales para atravesar el entorno volátil y calmar las tensiones. Los líderes deben desarrollar habilidades interpersonales que son esencialmente sociales. Como recordará, las habilidades sociales son un derivado de la inteligencia emocional y un líder con habilidades sociales mostrará competencias interpersonales efectivas.

Por último, la competencia emocional puede mejorar la adaptabilidad cultural de un individuo. En el entorno laboral actual y en el mundo, la diversidad es cada vez mayor y los líderes requieren tener flexibilidad mental. Es probable que los líderes con inteligencia emocional reconozcan y respeten otras culturas. Si bien reconocer y respetar otras culturas parece sencillo, no se implementa fácilmente. Como la mayoría de los seres humanos, es probable que los líderes vean el mundo a partir de la forma en que fueron criados, que desafortunadamente incluye estereotipos y prejuicios personales. Por esta razón, un líder tiene que desaprender para volverse culturalmente competente. La mayoría de los lugares de trabajo ahora tienen trabajadores diversos en términos de etnias, creencias religiosas y géneros, entre otros. Nuestra educación impacta la forma en que procesamos los problemas relacionados con la diversidad y en la comunicación, todas las personas luchan por con la sensibilidad cultural.

Ejercicio

a. Luke es el líder del equipo de ingenieros en Redline Consultancy, una startup que ofrece personalización de automóviles. La compañía quiere cambiar su sistema de información actual y esto podría requerir la recapacitación de los empleados, así como una reorganización. Utilizando las competencias de adaptabilidad obtenidas de la inteligencia emocional, sugiera tres formas en que Luke puede mostrar un liderazgo efectivo en la organización.

Liderazgo y rendimiento

A través de la inteligencia emocional, los líderes reconocerán el impacto de la cultura en la productividad. En primer lugar, es importante que los líderes conecten el liderazgo y el desempeño de los empleados así como de la organización. Con un buen liderazgo, es probable que los empleados se sientan motivados y muestren compromiso con la organización. Una forma de garantizar un buen liderazgo es ser un líder enfático que escuche y aprecie al equipo. Un líder tiene que ponerse en el lugar de aquellos a quienes se dirige para comprender su reacción y necesidades. Asimismo, la inteligencia emocional puede ayudar a un líder a lograr que los trabajadores se sientan valorados mediante las habilidades sociales, cuando un líder sobresale en habilidades interpersonales y los empleados se sienten respetados y valorados.

Adicionalmente, los empleados motivados suelen cumplir con sus labores. Como se indicó anteriormente, es probable que los empleados que se sienten valorados logren los objetivos establecidos. Cada uno de nosotros quiere sentirse valorado y los líderes juegan un papel importante en hacer que los miembros del equipo se sientan importantes. Un líder debe dirigirse a los trabajadores como una parte fundamental de la organización y dejar en claro que el papel del líder es reenfocar ocasionalmente la energía del equipo. Usando técnicas de comunicación, el líder ayudará a los empleados a sentir que pertenecen a la organización y cuando los empleados tratan a la organización como la suya, tienden a ser responsables.

Asimismo, la aplicación de inteligencia emocional puede ayudar a prevenir conflictos en el lugar de trabajo. Los conflictos son inevitables en el entorno laboral. En ausencia de liderazgo, los conflictos se intensificarán y podrían conducir a sabotaje, rotación de empleados y, en casos extremos, violencia. Los líderes con competencias emocionales aplicarán estrategias de resolución de conflictos para calmar las tensiones y restablecer la normalidad. Los buenos líderes ayudarán a los trabajadores a adquirir y ejercer competencias emocionales individualmente y permitiendo la reducción de las posibilidades de transformar los desacuerdos en conflictos. Sin una gran inteligencia emocional, los líderes agravarían inadvertidamente los conflictos al parecer imparciales o críticos. Por esta razón, la inteligencia emocional permite al líder solucionar conflictos y mantener la productividad en el lugar de trabajo.

A través de la inteligencia emocional, es probable que los empleados cómodos y rindan correctamente. Los entornos de trabajo contemporáneos son cada vez más sensibles y los líderes deben asegurarse que todos los trabajadores se sientan seguros, apreciados y cómodos. La diversidad es una de las causas comunes de tensión y fricción. Lo que un empleado podría considerar como una conversación informal podría resultar insensible para el otro empleado. A medida que aumentan las áreas de diversidad, también aumenta la sensibilidad de los empleados a la comunicación verbal y no verbal. Las áreas comunes de diversidad incluyen orientación sexual, género, etnia y afiliación religiosa. Un líder puede manejar los temas emotivos y ayudar a los empleados a comprender su diversidad haciendo que todos se sientan respetados en el lugar de trabajo.

Igualmente, un buen liderazgo ayuda a que el equipo sea adaptable. El rendimiento de una organización también está determinado por la flexibilidad del equipo. Piense en un equipo de una organización que sea rígido y le tome un tiempo considerable para adaptarse al nuevo modelo de negocio o al sistema recién instalado. El tiempo dedicado al ajuste, resta la productividad de la organización. Un buen liderazgo asegura que los trabajadores sean flexibles a las ideas y enfoques. La capacidad de adaptabilidad resulta crucial para ayudar a la organización a capitalizar los cambios en el mercado, especialmente los tecnológicos. El líder tiene un papel fundamental en ayudar a formar las mentes del equipo para aceptar los cambios dentro de la organización.

Debe destacarse que, un buen liderazgo ayuda a comunicar claramente los objetivos de la organización. La comunicación de objetivos y el objetivo final resultan importantes para influir en las actitudes y comportamientos de los empleados. Un buen líder utilizará la inteligencia emocional para garantizar que el mensaje se comunique claramente. Una de las formas de garantizar que el equipo entienda el mensaje es emplear el habla empática y la escucha activa. También es importante que el líder reconozca el valor emocional de las palabras al comunicarse. La comunicación ineficaz implica que los empleados podrían no tener una comprensión efectiva de las necesidades de la organización.

Finalmente, el liderazgo ayuda a obtener y actuar según la retroalimentación. Otro elemento crítico de la productividad es extraer y actuar en relación a la retroalimentación y el liderazgo ofrece una oportunidad para capturar la retroalimentación pasiva y activa. Siempre existe la retroalimentación generada por el sistema, pero es importante capturar la retroalimentación cualitativa del propio equipo con respecto a cómo se sienten sobre el líder o el sistema de la organización. Con esta retroalimentación, el líder debe ajustar la comunicación y el enfoque para maximizar la productividad en la organización. Es una de las áreas olvidadas en el liderazgo y algunos líderes no se sienten cómodos con el manejo de comentarios negativos. Sin embargo, la retroalimentación es un aspecto fundamental para la mejora continua.

Ejercicio

a. En su opinión, ¿cómo se relaciona el liderazgo con el desempeño organizacional?

Los seis estilos de liderazgo

El primer estilo de liderazgo es el estilo visionario y se trata de movilizar a las personas hacia una determinada visión. El estilo visionario funciona bien cuando hay una dirección clara o cuando se requiere un cambio. Por esta razón, el estilo visionario de liderazgo es apropiado cuando el clima es positivo. El énfasis del liderazgo visionario no es alcanzar un lugar específico, sino lograr que todos adopten la visión. Otro aspecto del liderazgo visionario es que aboga por la autonomía y permite a las personas innovar y experimentar para alcanzar el objetivo establecido. En la práctica, el fracaso al implementar el liderazgo visionario puede ajustarse y los empleados se sentirán cómodos experimentando formas de avanzar en la misión. Es importante tener una misión clara que todos los empleados reconozcan antes de intentar el estilo de liderazgo visionario.

En segundo lugar, otro enfoque del liderazgo es el estilo de coaching. El estilo de liderazgo de coaching implica capacitar a los empleados para mejorar en lo que hacen. Es importante reconocer que existe una diferencia entre el entrenamiento y la micro gestión. El papel del gerente en este enfoque de liderazgo es ayudar a los empleados a evolucionar en su papel y desafiarlos a superar sus capacidades adquiridas En este enfoque de liderazgo, el gerente otorga el asesoramiento, las herramientas y el apoyo que requieren los empleados para que su éxito. Sin embargo, el entrenamiento no implica que el líder dicta lo que un individuo hará en cada paso, sino que lo dirige a lograr la versión mejorada de sí mismo.

En tercer lugar, está el líder afiliativo donde el gerente actúa como afiliado y establece conexiones en toda la organización. La intención del estilo de liderazgo afiliativo es crear un ambiente de trabajo armonioso donde cada empleado se conozca y trabaje bien entre sí. Como resulta predecible, los empleados no siempre se llevarán bien ni estarán de acuerdo entre ellos, pero este estilo de liderazgo busca solucionar esto. El líder afiliado repara la confianza rota en la organización. Un líder puede convertirse en un afiliativo desarrollando una cultura de reconocimiento en el equipo. Al generar confianza, el grupo se acercará y esto ayudará a construir relaciones.

Cuarto, el liderazgo democrático es otro estilo común de liderazgo. Con el estilo de liderazgo democrático, un gerente alineará a un grupo hacia un resultado. El estilo de liderazgo democrático se emplea cuando el gerente no está completamente seguro de la dirección que debe tomar la organización y quiere aprovechar las opiniones y creencias de la multitud para desarrollar un camino claro. El estilo democrático de liderazgo es fundamental cuando se manejan decisiones importantes que podrían afectar el futuro del negocio. La motivación del estilo democrático de liderazgo es la comprensión que la inteligencia colectiva es superior al conocimiento individual.

Quinto, tenemos un estilo de liderazgo en el cual se marca la pauta. En este enfoque de liderazgo, el líder define objetivos alcanzables sin tener en cuenta los sentimientos del equipo. En este tipo de liderazgo, se ejerce presión sobre el equipo y se ejemplifica lo que se quiere que alcance el equipo. Por consiguiente, el estilo de liderazgo que marca la pauta tiene el riesgo de descarrilar al equipo y debe usarse con precaución. Debe aplicarse temporalmente y por un período de tiempo corto. En algunas oportunidades, una empresa tiene grandes expectativas de sus empleados, sin tomar en consideración las necesidades de los trabajadores y esto suele suceder cuando la empresa se encuentra atravesando por una crisis. Una de las formas de lograr resultados con este estilo es equilibrándolo con el reconocimiento.

Por último, existe el estilo de liderazgo dominante. En este enfoque de liderazgo, el líder promueve miedo. El estilo de liderazgo dominante crea una percepción de frialdad y falta de emociones. En la mayoría de los casos, el estilo de liderazgo dominante genera efectos negativos extremos en el desempeño de la empresa y es altamente ineficaz. El estilo de liderazgo dominante solo podría recomendarse durante las crisis y no es el mejor enfoque para mostrar liderazgo en esos momentos. La recomendación general es evitar el uso de un estilo de liderazgo dominante. Por esta razón, evite dar órdenes a su equipo y, en cambio, promueva la participación y explique claramente las situaciones. En conclusión, es importante aceptar que no existe un estilo universal de liderazgo y que probablemente deba combinar diferentes estilos de liderazgo según la situación a la que se enfrente. Es importante recordar que no tiene que lograr todo solo porque es un líder, porque el equipo siempre puede ayudarlo con sus ideas. Empodere a su equipo para que sean líderes y no olvide desarrollar inteligencia emocional.

Ejercicio
a. Critique el estilo de liderazgo dominante.
b. Critique el estilo de liderazgo visionario.

¿Cómo mejorar?

Comience por reconocer los esfuerzos de su equipo individual y colectivamente como una manera de motivar al grupo. Reconocer los aportes de su equipo es fundamental, ya que los hace sentir valorados e interesados en las actividades grupales. Reconocer la contribución de su equipo es una forma de recompensar y dar seguridad a los trabajadores. Algunos líderes pueden pasar por alto la importancia del reconocimiento como una necesidad psicológica. El reconocimiento no siempre debe ser formal. Por ejemplo, puede ofrecer comentarios positivos cada vez que un miembro del equipo envía un informe completo a tiempo. También puede usar gestos o expresiones faciales para mostrar satisfacción con el trabajo de un miembro del equipo. Un líder tiene que demostrar que aprecia el esfuerzo del equipo para hacerles sentir que son tomados en cuenta.

En segundo lugar, informe al equipo que las expectativas son temporales y que, como equipo, es el momento ideal para trabajar juntos. Al ejecutar el estilo de liderazgo de mando o el estilo de liderazgo de marcar la pauta, es necesario que le comunique a su equipo que las grandes expectativas son temporales para permitirles ajustar y aceptar mentalmente los nuevos horarios exigentes. A veces, un líder puede verse obligado a apurar a todos, especialmente durante una crisis y en tales circunstancias; el líder podría no permitir la democracia y la comprensión. En otras palabras, el líder puede mostrar menos habilidad de inteligencia emocional cuando está en juego la sostenibilidad de la organización. En tales circunstancias, el líder tiene el deber de notificar a los trabajadores por qué el entorno se ha vuelto rígido y pesado repentinamente para mejorar su comprensión y aceptación del nuevo enfoque de hacer las cosas.

Asegúrese de compartir los resultados de los esfuerzos del equipo. En una organización típica, los empleados trabajan de manera modular. Si esto no se maneja, los trabajadores de cada departamento podrían no tener una visión integral de cómo se vinculan con la productividad de toda la organización. Por ejemplo, los limpiadores de una organización podrían no entender cómo impactan el éxito del departamento de tecnología de la información. Un líder debe tratar de ayudar a los equipos individuales a comprender cómo impactan colectivamente en toda la productividad de la organización. Por ejemplo, los limpiadores se aseguran de que el departamento de tecnología de la información esté organizado y opere a tiempo en un ambiente limpio. El departamento de tecnología de la información impacta directamente al resto de la organización.

Además, aprenda a confiar en sus empleados y mejore sus habilidades de comunicación para que pueda discutir libremente los problemas con cualquier persona del equipo. Al no mostrar confianza en sus empleados, estos se sentirán infravalorados o sentirán que son fácilmente reemplazables. Si confía en sus empleados, estos sentirán la necesidad de actuar de manera responsable, ya que dependen de ellos para actuar de manera independiente. La ausencia de confianza hará que los empleados esperen la supervisión y entreguen solo lo necesario para cumplir con la obligación contractual. Confiar en los empleados también les hará sentir que son parte de la organización y es probable que tomen tiempo para pensar en estrategias que puedan ayudar a la organización a mejorar.

Asimismo, ofrezca sugerencias para comenzar a discutir el proyecto. Los trabajadores a veces se muestran reacios a iniciar una conversación, especialmente cuando tal discusión puede parecer una crítica hacia el liderazgo de la empresa. En tal caso, podría ayudar iniciar la conversación como líder y alentar al equipo a contribuir. En tales circunstancias, la comunicación efectiva, especialmente ajustando la comunicación no verbal con la comunicación verbal es importante. El tono de su voz, sus expresiones faciales y gestos deben expresar un mensaje para mejorar la confianza del equipo. Antes de tomar cualquier decisión, es importante obtener la mayor cantidad de puntos de vista como sea posible y las personas del equipo podrían tener soluciones más efectivas de lo que pensabas.

Por último, considere todas las ideas presentes y aprecie a los contribuyentes. Como líder, con frecuencia se relacionará con los miembros del equipo y es importante reconocer y apreciar cada opinión presentada. Los líderes que no aprecian la contribución de cada miembro se arriesgan a tener poca participación en las reuniones posteriores. El uso de palabras como gracias, anotado, apreciado y el uso de señales no verbales como asentir, sonreír y aplaudir muestra que está escuchando y apreciando la contribución de cada miembro presente. Un líder debe tomar una decisión utilizando las mejores sugerencias disponibles, pero demostrando que ha escuchado todo y que considerará las otras sugerencias para utilizarlas posteriormente.

Ejercicio

a. ¿Alguna vez ha tenido un rol de liderazgo? Si no, piense en un personaje de película que tenga un papel de liderazgo. ¿Cómo mostró dicho líder crecimiento o mejora en la ejecución de su mandato?

Los cinco componentes de la inteligencia emocional en el liderazgo

El primer componente es la autoconciencia e impacta el liderazgo de varias maneras. Las personas que son conscientes de sí mismas comprenden cómo se sienten y tienen conocimiento de cómo sus emociones afectarán a otras personas. Como líder, tener autoconciencia implica que conoce sus fortalezas y debilidades, a la vez que se muestra como un individuo humilde. Puede utilizar la autoconciencia en el liderazgo al desacelerar su reacción emocional. Imagínese si un líder reacciona rápidamente y golpea la mesa cuando está irritado. Sería difícil estar en desacuerdo con dicho líder y en consecuencia todos se ajustarán a las demandas de dicho líder para evitar la confrontación. Además, la autoconciencia ayuda a un líder a convertirse en un comunicador efectivo al comprender cómo se siente la audiencia ante lo que está comunicando.

En segundo lugar, se encuentra la autorregulación como componente de inteligencia emocional en el liderazgo. Cada uno de nosotros tiene la necesidad de reaccionar impulsivamente, ya que es la forma más natural de expresar y actuar sobre las emociones. La autorregulación se relaciona con la tendencia a mantener el control y evitar que las emociones lo guíen. La autorregulación no implica encerrarse en sus emociones, sino que ejercer control sobre la reacción a las emociones. Los líderes con competencia de autorregulación evitan la reacción impulsiva a las emociones, como los ataques verbales cuando alguien los ofende. Instaré a ver al difunto Koffi Annan, ex Secretario General de las Naciones Unidas, y cómo manejó las críticas durante las reuniones o conferencias de prensa. Las emociones intensas y las reacciones impulsivas alteran la mente del líder.

En consecuencia, usted puede mejorar su autorregulación mediante la comprensión de sus valores. Los valores son un conjunto de reglas y filosofías personales. Mediante su código de ética individual, informará a su mente de sus límites, independientemente de la situación. También es importante asumir responsabilidad. La tendencia a culpar a otros es un enfoque escapista ante los desafíos y debilidades personales. Cuando asume la responsabilidad de sus acciones, tiene la oportunidad de examinar y corregir sus defectos. Por último, es importante practicar mantener la compostura al enfrentarse a una situación difícil. Puedes respirar profundamente y asegurarse de no dejar que la emoción negativa le abrume.

En tercer lugar, la motivación como componente de la inteligencia emocional es importante en el liderazgo. Los líderes que se motivan a sí mismos trabajarán constantemente para lograr los objetivos. Dichos líderes también mostrarán altos estándares para el trabajo que realizan. Una de las formas para mejorar la auto motivación es reexaminando el propósito de ocupar ese puesto. A veces, las personas olvidan qué les hizo aprovechar la oportunidad de trabajar y al reflexionar sobre por qué se aprovechó tal oportunidad, podría reavivarse la pasión por el trabajo. Comenzar con lo que lo impulsó a asumir el rol podría ayudarlo a darse cuenta del compromiso que necesita mostrar como líder.

Luego se encuentra la empatía como elemento de inteligencia emocional expresado en un liderazgo efectivo. La empatía es uno de los elementos críticos de la inteligencia emocional y el liderazgo. Es la capacidad de ubicarse en el lugar de los demás para comprenderlos mejor. Los líderes empáticos se consideran comprensivos, accesibles y humanos en comparación con aquellos que no lo son. Un líder puede mostrar empatía al comprender por qué los miembros están inquietos con las nuevas regulaciones o por qué los empleados convocan a varias reuniones antes de aceptar los nuevos cambios. Utilizando la empatía, un líder no se sentirá irrespetado u odiado por los miembros del equipo al comunicar nuevos cambios exigentes.

Para enfatizar, los entornos laborales contemporáneos se esfuerzan por ser lo más humanos posible. Los líderes que muestran empatía ganan respeto y lealtad del equipo. Cuando los empleados hablen, trate de abandonar su posición y ver el mundo desde los ojos de los empleados. Ser empático no implica que el líder sea indeciso. Una de las formas de mejorar la empatía es prestar atención al lenguaje corporal del hablante y responder a los sentimientos. Algunos empleados pueden usar señales no verbales para comunicar sus miedos y decepciones y los líderes deben leerlas y responder a estos.

Por último, hay habilidades sociales que se manifiestan en el liderazgo. Una de las formas de aplicar las habilidades sociales en el liderazgo es en la resolución de conflictos. En este sentido, las habilidades sociales dependen de una comunicación efectiva y una escucha activa. Utilizando las habilidades sociales, un líder manejará y resolverá los conflictos diplomáticamente. En ausencia de habilidades sociales, un líder puede agravar los conflictos y provocar la rotación de empleados, el sabotaje e incluso la violencia en el lugar de trabajo. Afortunadamente, los líderes pueden aprender a convertirse en gestores de resolución de conflictos y mejorar su comunicación. Un líder emocionalmente inteligente reconocerá fácilmente los puntos en común de las partes enemistadas al leer sus emociones cuando se mencionan ciertos problemas y así lograr una solución.

Ejercicio
a. Busque un episodio de la serie de televisión House of Cards y juzgue las competencias de inteligencia emocional de Kevin Spacey? ¿Está de acuerdo o no con sus manipulaciones?

Habilidades sociales

Una de las destrezas necesarias para la inteligencia emocional son las habilidades de supervivencia. Las competencias específicas en este sentido, involucran las siguientes acciones escuchar, ignorar las distracciones y usar la comunicación directa, así como recompensarse a sí mismo. Los contextos sociales pueden requerir que usted siga las instrucciones y pase por alto las distracciones. No todas las personas pueden ignorar las distracciones ya que la mente humana procesa todo lo que puede descifrar. Es importante entrenar su mente para actuar de manera disciplinada evitando distracciones y apegándose a las pautas recomendadas. También es importante que se recompense a usted mismo para permitirle sentir que vale la pena participar en una interacción social.

El segundo conjunto de habilidades necesarias en individuos socialmente competentes incluye destrezas interpersonales. Estas habilidades incluyen pedir permiso, compartir, esperar su tiempo y unirse a una actividad. Se necesita la experiencia necesaria para saber cuándo interrumpir o unirse a una conversación. En la mayoría de los casos, el rango de habilidades interpersonales requeridas depende del contexto. El argumento aquí es que las habilidades interpersonales que demuestra cuando ve jugar a su equipo favorito no son las mismas que exhibe cuando está con sus colegas en el lugar de trabajo.

El tercer conjunto de habilidades sociales incluye competencias para resolver problemas y específicamente pedir ayuda, aceptar consecuencias y disculparse. En los entornos sociales, ocurrirán desacuerdos y, al mismo tiempo, las partes que interactúan pueden requerir su aporte para resolver un problema. Un individuo socialmente competente necesita identificar las causas subyacentes del problema, cómo está afectando a otros, por qué el resto de las personas se sienten de determinada manera y, finalmente, ofrecen múltiples formas imparciales de solucionarlo.

El cuarto conjunto de habilidades incluye aquellas relativas a la resolución de conflictos y específicamente el manejo de derrotas, acusaciones, presión de grupo y saber manejar los halagos. La capacidad para resolver conflictos es una habilidad muy demandada en la sociedad contemporánea cada vez más diversa. Resolver conflictos requiere ser imparcial, escuchar con empatía y ayudar a las partes enemistadas a reconocer sus puntos en común sobre el tema. Los conflictos no resueltos pueden terminar las interacciones sociales y afectan de varias maneras la productividad en el entorno laboral. Por ejemplo, los conflictos no resueltos pueden hacer que algunos trabajadores renuncien a cierto equipo o abandonen la organización definitivamente.

El quinto aspecto de las habilidades sociales se refiere a la capacidad de persuadir e influir en los demás. En contextos sociales, debe contarse con la capacidad de convencer a los demás. Influir en otros se vincula con las competencias de inteligencia emocional, especialmente la empatía y la comunicación emocional. Cuando se comprende el impacto emocional de las palabras en su comunicación, resulta más sencillo utilizarlo para ganar a otros. Persuadir a las personas también significa apreciar cómo se sienten y tenerlas en cuenta al comunicarse con ellas.

El sexto conjunto de habilidades de un individuo socialmente competente incluye habilidades de liderazgo. Dentro de los contextos sociales, a veces debe mostrarse liderazgo. Dentro de un grupo, se requiere un líder o un miembro dominante y poseer cualidades de liderazgo forma parte de las habilidades sociales. Un buen líder inspira y escucha a la vez que es visionario. Al participar en contextos sociales, es importante cultivar las habilidades de liderazgo y demostrarlas cuando sea pertinente. Uno de los modelos preferidos de liderazgo es el liderazgo transformador, donde el líder motiva a los miembros en lugar de ordenar o marcar el ritmo del equipo.

Igualmente importantes son las habilidades de comunicación que permiten la operatividad de las habilidades sociales. De esta manera, las habilidades de comunicación son esenciales en cualquier actividad social. Algunas de las habilidades de comunicación requeridas incluyen el uso efectivo de la comunicación no verbal. Es importante que las expresiones faciales y los gestos utilizados sean apropiados y al mismo tiempo coincidan con la comunicación verbal. Probablemente los grupos sean diversos y los gestos con las manos pueden tener diferentes connotaciones para cada miembro involucrado. Por esta razón, la comunicación también debe incluir habilidades culturales.

Asimismo, la construcción de vínculos es requerida para las habilidades sociales. La construcción de relaciones forma parte de las interacciones sociales. Crear una relación también requerirá habilidad para mantener la relación. No todas las personas pueden iniciar y mantener una relación. La competencia de construir y mantener relaciones es parte de las habilidades sociales que deben tenerse. La empatía es una competencia crítica al construir y administrar una relación. Construir y manejar una relación es en gran medida un arte, pero seguir las mejores prácticas aumenta las posibilidades de tener éxito.

Finalmente, las habilidades de gestión del cambio son parte crucial de las habilidades sociales. Otro aspecto importante de las interacciones sociales es el cambio. En cualquier entorno grupal, uno o varios miembros pueden retirarse o comportarse de manera diferente al conjunto de comportamientos conocido y estos requieren competencias de gestión del cambio para evitar las consecuencias a nivel de grupo.

Ejercicio

a. Tomando como referencia una experiencia pasada, explique cómo se mostraron o no algunas de las habilidades sociales.

Conclusión

En resumen, el autor logró llevar al lector a través de la necesidad de inteligencia emocional y cómo difiere de otros conceptos relacionados, como la inteligencia social y la inteligencia emocional. El autor proporcionó un ejercicio al final de cada capítulo para permitir que el lector pudiera reflexionar. Los ejercicios son fáciles de hacer y, a lo sumo, implican sólo dos preguntas. Utilizando ejemplos sencillos y fáciles de relacionar, el autor espera hacer que el lector se dé cuenta de que la inteligencia emocional se manifiesta en nosotros y a nuestro alrededor. El enfoque del autor sobre el tema se hace desde un punto de vista neutral y esto le permite al lector hacer un juicio sobre el valor propuesto de la inteligencia emocional.

Finalmente, este libro entrelaza lo que serían manuales separados sobre inteligencia emocional dándole a esta obra un enfoque explicado de la inteligencia emocional. A lo largo del libro, el autor mantiene la simplicidad del lenguaje y presta atención a la aplicabilidad de las áreas sugeridas de inteligencia emocional al lugar de trabajo, individualmente y en los eventos sociales. El contenido del libro ha sido evaluado cuidadosamente para garantizar que sea relevante y aplicable en todos los contextos. Con este telón de fondo, este libro puede verse como una evaluación manual y personal de la inteligencia emocional aplicable para individuos y grupos.

Finalmente, si encuentra este libro útil de alguna manera, ¡siempre se agradece una crítica honesta!

www.ingramcontent.com/pod-product-compliance
Lightning Source LLC
Chambersburg PA
CBHW030906080526
44589CB00010B/174